Rudolph Lothar

Französische Kulturstudien

Rudolph Lothar

Französische Kulturstudien

ISBN/EAN: 9783744655439

Hergestellt in Europa, USA, Kanada, Australien, Japan

Cover: Foto ©Thomas Meinert / pixelio.de

Weitere Bücher finden Sie auf **www.hansebooks.com**

FRANZÖSISCHE KULTURSTUDIEN

VON

Dr. RUDOLF SPITZER.

I.
BEITRÄGE ZUR GESCHICHTE DES SPIELES IN ALT-FRANKREICH.

HEIDELBERG.
CARL WINTER'S UNIVERSITÄTSBUCHHANDLUNG.
1891.

HERRN

Prof. Emil Freymond

IN BERN

DER MIR IM VERLAUF MEINER ARBEIT MIT RAT UND THAT ZUR SEITE GESTANDEN

IN DANKBARKEIT UND VEREHRUNG GEWIDMET.

Das reiche Material für die Sitten- und Kulturgeschichte, welches in den mittelalterlichen Litteraturdenkmälern enthalten ist, wird von der wissenschaftlichen Forschung mit von Tag zu Tag wachsendem Eifer zum Lichte gefördert.

Durch Spezialarbeiten sind wir über das Leben im Frieden und im Kriege, im Palaste und im Bürgerhause, wie solches von zeitgenössischen Dichtern und Chronisten geschildert wurde, unterrichtet. Es versteht sich aber von selbst, daß manches Kapitel altfranzösischer Kulturgeschichte noch nicht die gebührende Behandlung fand.

Ein solches Kapitel ist es, dem wir die nachfolgenden Blätter gewidmet haben.

Eine eingehende übersichtliche Darstellung der Spiele, welche im alten Frankreich gang und gäbe waren, fehlte bisher. Einerseits sind manche Spiele — wie das Schach- und das Kartenspiel — von Berufenen bereits erschöpfend behandelt worden, andererseits finden sich über die zahlreichen anderen Spiele kaum vereinzelte Notizen. Es ist nicht Zweck dieser Abhandlung, Bekanntes zu wiederholen. Wir werden uns also, was die genannten Spiele betrifft, welche bereits eine wissenschaftliche Behandlung erfahren haben und eine eigene Litteratur besitzen, nur auf das nötigste beschränken und nur das berücksichtigen, was bisher der Forschung entgangen ist.

Unsere Quellen sind: in erster Linie die poetischen und prosaischen Litteraturdenkmäler des französischen Mittelalters. Von großem, kulturgeschichtlichem Werte erscheinen Gesetze, Verordnungen und ähnliche Dokumente, und wir haben sie also auch in den Kreis unferer Betrachtung gezogen. Endlich waren auch die Altertümer zu berückfichtigen und die bildlichen Darftellungen.

Wir haben unfer Hauptaugenmerk auf das 12. und 13. Jahrhundert als auf die Blütezeit altfranzöfifcher Poefie gerichtet und unfere Unterfuchung bis zum Auftreten FRANÇOIS RABELAIS' geführt. Denn mit diefem beginnt eine neue Epoche der Kulturgefchichte.

Des Vergleiches halber werden wir gegebenen Falles auch auf die gleichzeitige deutfche und englifche Litteratur Rückficht nehmen.

A. Die Spiele zu Zweien.

I. Kartenfpiele.

Die zahlreichen Werke, welche die Gefchichte der Spielkarten behandeln[1], geben übereinftimmend das Jahr 1299 als dasjenige an, in dem zuerft der Karten Erwähnung gefchicht (vgl. BREITKOPF l. c. p. 11.) und zwar auf italienifchem Boden. 1329 verbot bereits die Würzburger Synode den Mönchen und Nonnen das Kartenfpiel (*ludus cartarum*) (vgl. KRIEGK, Deutfches Bürgertum im Mittelalter 1868, I. 432). In Spanien ward es 1332 von Alphons XI. von Caftilien verboten. Ob das Spiel *Quatuor reyes*, das nach einem Ms. aus dem Jahre 1278 von König Eduard I. von England gefpielt wurde (GRÄSSE, Zur Gefchichte der Spielkarten f. d. p. 544) ein Kartenfpiel gewefen, wiffen wir nicht. Soviel fteht feft, daß im 14. Jahrhundert das Kartenfpiel über ganz Europa verbreitet war. Man hat bisher allgemein an dem orientalifchen (indifchen oder chinefifchen) Urfprung des Spieles feftgehalten. MERLIN

---

[1] Vgl. BREITKOPF, Über den Urfprung der Spielkarten, 1784; CHATTO, *Origin and history of playing cards*, 1858; R. v. EITELBERGER, Über Spielkarten (Mitth. d. Central Comm. Wien, 1860); PINCHART, *Recherches sur les cartes à jouer*, 1870; MERLIN, *Origine des cartes à jouer*, 1869; *Jeux des cartes etc. du XIV. au XVIII. siècle publ. p. l. soc. d. bibliophr. français*, 1844.

(l. c. p. 57) hat zur Genüge bewiefen, daß das ältefte Kartenfpiel, *le tarot*, aus Italien ftammt, und daß das europäifche Kartenfpiel von dem orientalifchen vollkommen unabhängig ift. Aus Italien fand es feinen Weg nach Frankreich und zählte dort bald nach Beginn des 14. Jahrhunderts zu den beliebteften Unterhaltungen.

Trotzdem findet fich in der ganzen poetifchen Litteratur bis 1400 keine Stelle, die auf Kartenfpiel Bezug haben könnte. In der Hf. des *Renard le contrefait* zu Paris[1] (6985, 3) fteht allerdings *Jouent aux dez, aux cartes, aux tables* — aber diefe Stelle ift durch die Willkür des Kopiften entftanden. (Diefes Ms. ftammt aus dem Jahre 1341.) In einer älteren Handfchrift desfelben Gedichtes aus dem Jahre 1250 lautet die Stelle (7630, 4)

Jouent à ieux de dez ou de tables.

In feinen Anfängen zählte das Kartenfpiel zu den Kinderfpielen, ja, MERLIN (l. c.) behauptet, es fei in feiner primitiven Geftalt ausfchließlich ein folches gewefen. Im *Ménagier de Paris* (verfaßt um das Jahr 1393) wird unter den Spielen junger Mädchen, wie *bric, qui féry, pince-merille* (wir kommen auf diefe Spiele noch zurück) und anderen *jeux d'esbatemens* auch das Kartenfpiel erwähnt (t. I, p. 72: «*les autres jouans aux cartes* etc.»)

In Belgien finden wir mehrere Belegftellen für das Kartenfpiel im 14. Jahrhundert; HOFFMANN VON FALLERSLEBEN zitiert in feinem Werke: *Horae belgicae* (1838) t. VI., p. 174 ein altes Rechnungsbuch, wo es als *quart-spel* aufgeführt erfcheint. Der Name rührt daher, daß 4 Blätter derfelben Farbe einander folgen mußten, um das Spiel gewinnen zu machen. Diefes *Quartspel* kommt noch früher vor und zwar in dem von RENIER HOLLANDER, Generaleinnehmer von Brabant verfaßten Rechenbuche (Regifter Nr. 2364 *de la chambre des comptes aux Archives du Royaume* zu Brüffel) aus dem Jahre 1379. «*Ghegeven Minen here ende Minre vrouwen xiiij in*

---

[1] Ich citiere nach LINDE, Gefch. u. Litt. des Schachfpiels, 1874, II., 159, wo leider nicht angegeben ift, in welcher Bibl. das Ms. fich befindet.

meyo (1379) quartspel met te copen: iiij peters ij gulden, maken viij^{1}/$_{2}$ mottoenen»[1]

Ein Kartenſpiel aus dem 14. Jahrhundert iſt ſogar bis auf unſere Tage gekommen. Es wird aufbewahrt in dem *Cabinet des estampes* der *Bibl. Nat.* zu *Paris* (abgebildet in dem Prachtwerk: *Jeux de cartes Tarots et de cartes numérales du XIV—XIVII. s. publ. p. l. soc. d. bibl. franç. 1844).* Es beſteht aus 17 Tarokkarten und ſoll von Jaquenin Gringonneur für König Karl VI. gemalt worden ſein. Ein zweites Spiel, aus 14 gemalten Karten beſtehend, deſſen Provenienz aus dem 14. Jahrhundert aber nicht über alle Zweifel erhaben iſt, befindet ſich in der Collection *Le Carpentier* (abgeb. bei MERLIN l. c.). Auf der Rückſeite des Herzkönigs ſtehen die Verſe:

En cet jeu se vous plaist esbatre
Cestui prenez sans grâ mercy
Encôtre ung qui scait moult batre
Je ne vueil arme' que cecy.

Die Beliebtheit und die Verbreitung des Kartenſpieles hat im franzöſiſchen Volke raſch zugenommen. In dem Spielverzeichnis von RABELAIS (Rab. p. 390 ff.) ſind unter den 215 dort angeführten Spielen mehr als 30 Kartenſpiele wie *flux, prime, vole, triomphe, lansquenet, mariage, tarau* u. v. a. m.

Die weitere Entwickelung des Kartenſpieles iſt in den angeführten Werken erſchöpfend geſchildert worden.

II. Würfelſpiele.

Weitaus das verbreitetſte, von Hoch und Nieder mit gleicher Vorliebe gepflegte Spiel des Mittelalters war das Würfelſpiel.

Ob römiſche Söldnerſcharen es nach Gallien gebracht, ob Altfrankreich es von ſeinen öſtlichen Nachbarn, den Germanen gelernt

---

[1] D. h. gegeben dem gnädigen Herrn und der gnädigen Frau den 14. Mai 1379, 4 Peters 2 Gulden im Werthe von 8^{1}/$_{2}$ Schafen, um ein Spiel Karten zu kaufen.

— wie wir aus Tacitus, *Germania* cap. 24 erfahren, kannten unfere Vorfahren bereits das Spiel — bleibt dahingeftellt. Jedenfalls ftammt die Bezeichnung der Würfel aus dem Lateinifchen. *Dé* kommt von *datum; dé* = das auf den Tifch Gegebene, Geworfene. Es wurden auch andere Ableitungen verfucht: Larousse *(Dict. T. VI. p. 175)* zieht zur Erklärung das kymrifche *dis* heran, Golius ftellt es mit *arab. dadd* = Spiel zufammen (vgl. *Littré Dict. I. 963;* Diez, Etym. Wörterbuch. 5. Auflage, Bonn, 1887). Ein *Fabliau du jeu de dez* (Jub. N. R. II. 229) weiß auch zu erzählen, daß Rom die Heimat der Würfel gewefen, und nennt als ihren Erfinder den Teufel. Diefem letzteren Gedanken begegnen wir auch in einem Gedichte des Herrn Reinmar von Zweter, und die betreffende Stelle bei Reinmar hat eine fo merkwürdige Ähnlichkeit mit den Verfen des franzöfifchen Gedichtes, daß wir es uns nicht verfagen können, beide Stellen des Vergleiches halber hieher zu fetzen:

Reinmar (Vròn Éren Dòn 109; herausgeg. v. G. Roethe, Leipzig 1887, p. 466.)

Der tiuvel schuof daz würfelspil,
darümbe daz er sêlen vil dà mit gewinnen wil:[1]
die esse er hât gemachet dar ûf, daz ein got gewaltic ist.
Der himel in sînen handen stât,
unt die erde, dar ûf er daz tûs gemachet hât;
die drîen ûf die drîe namen, die er hât,
der süeze waere Crist
daz quater daz worht' er mit grôzen listen
ûf die namen der vier Ewangelisten
den zinken ûf des menschen sinne,
wie er die vünve mache cranc
daz ses, wie er sehs wochen lanc
die vasten uns mit topel angewinne. —

---

[1] Diefer Gedanke kommt ebenfalls in einer früheren Strophe des franzöfifchen Gedichtes vor.

fabliau du jeu de dez (l. c.):

Der Teufel befiehlt dem Römer den Würfel zu verfertigen:

En la première coste tu feras un seul point;
C'est en despit de Dieu, qui ne nous aime point.
Après en feras deus . . . . .
C'est ou despit de Dieu et de sainte Marie.
Après en feras troies . . . . .
Ce sera ou despit de sainte Trinité,
Trois personnes un Dieu qui nous a pris en hé;
En un autre costé quatre en feras
Tout en despit des quatre que tu nommer oras
Des quatre évangélistes . . . . . .
Après en feras cinq . . . . .
Es despit des cinq plaies que Diex ot en la croix
Après feras le six . . . . .
Es despit des six jors, ne te doit alentir
Que Diex fist toutes choses . . . . . .,
Il crea ciel et terre, tout ce vont acomplir. —

Wir erſehen aus der angeführten Stelle des deutſchen Spruchdichters auch, daß die Mehrzahl der Bezeichnungen für die Augen [*Esse, Tus, Drie, Quater, Zinke, Ses*] aus Frankreich nach Deutſchland gekommen iſt. Auf demſelben Wege mag auch die volkstümliche Deutung zur Kenntnis unſerer Dichter gekommen ſein. ROETHE nennt in einer Anmerkung (l. c. p. 599), mehrere die ihr poetiſche Geſtalt gegeben haben, weiß aber nichts von der franzöſiſchen Urquelle.

Der Ritter wie der Bauer, der König wie der Spielmann, Alt und Jung kannte das Würfelſpiel. Damen, Kinder und ſogar junge Mädchen würfelten:

Li josne enfant deviennent rufien
Joueurs de dez, gourmans et plains d'yvresse.
　　　　EUST. DESCHAMPS Bd. VI. Ball. MCLVIII, p. 94.

(vgl. Trojanerkrieg 15886 ff.; WEINHOLD, Die deutſchen Frauen im Mittelalter. 1882 I, 113.) Doch wollen wir bei dieſer Gelegenheit gleich bemerken, daß es die höfiſche Lebensart dem Ritter gebot, im Spiele die Damen gewinnen zu laſſen:

> *Se ele a les gieuz aggreables*
> *des dez, des eschés ou des tables,*
> *joue o liè en telle maniere*
> *que tu aies du gieu le piere.*
> *Tu doiz ton gieu a honte fere*
> *ou to caance mal retrere,*
> *si qu'el ait le priz et l'enour*
> *et que tu soies le menour.*
> *Se ele veut, por soi dedire,*
> *aucun nombre geter ou dire*
> *tu doiz mesgeter por fere umbre*
> *qu'el sache plus que toi de nombre.*
> La clef d'amors v. 1409.

Die Würfel waren aus Holz, aus Elfenbein:

> *Li dé furent d'ivoire.*
> (du jeu de dez l. c. p. 229.)
> *Qui sont de fin yvoire et fait et pointuré.*
> (Par. la Duchesse p. 94.)

Aber man machte ſie auch aus Gold und Silber:

> *Tu feras cele chose de six costés quarrée*
> *Vourras d'or où d'argent, ainsi com il t'agrée.*
> (du jeu de dez ibid.)

So wenig die Form des Würfels zur Verzierung einladet, ſo verſuchte man doch, dies Spielzeug abwechſelnd zu geſtalten. Man gab z. B. den Würfeln die Geſtalt hockender Menſchlein (ſ. die Abbildung bei WRIGHT, *A history of English culture 1862 p. 232*). In manchen Städten machte man wohl auch die Würfel ſchöner und beſſer als anderwärts:

> *J'ay dez de plus, j'ay dez de moins*
> *De Paris, de Chartres, de Rains.*
>
> *(Dit du Mercier 185.)*

Über die Art und Weife der verfchiedenen gebräuchlichen Würfelfpiele geben uns die Quellen intereffante Auffchlüffe. Meift gab die Anzahl der Augen des Würfels den Ausfchlag. In JEAN BODEL'S *li jus de St. Nicholai* (MICHEL ET MONMERQUÉ, *Théâtre français au moyen âge, Paris 1839, p. 140*) wird eine Würfelfcene im Wirtshaufe mit aller Ausführlichkeit gefchildert. Auf die Frage Clikès', was gefpielt werden folle, antwortet fein Kumpan Pincedé:

> *A plus poins!*
>
> (p. 187.)

Ein anderes Spiel heißt *tremerel*.

> *Assis se sont au tremerel*
>
> *(Dit de St. Pierre et du jongleur v. 177*
> in *Barb. Méon Fabl. III. 282.)*

Aus demfelben Gedichte erfahren wir auch, daß befagtes Spiel mit 3 Würfeln gefpielt wurde, denn vorher heißt es:

> *Un berlenc aporte et trois dez.*
>
> (ibid. v. 134.)

Dies Spiel wird noch anderwärts erwähnt:

> *Bien a son tens et son merel*
> *Qui boit et jue au tremerel*
> *Quanques nous gaaignons andui.*
>
> *(Lai de cortois d'Arras v. 25 in Barb.*
> *Méon Fabl. T. I. p. 357.)*

> *Li tremeriaus m'a abatu,*
> *Par ma folie ai tout perdu*
> *Tout mon avoir et toz mes livres.*
>
> *(Le departement des livres v. 7 Méon*
> *N. R. T. I. p. 404.)*

Wir erfahren auch von anderen Würfelfpielen:

> «*Quel geu*» *fet-il* «*volez vous, sire?*
> *Est ce à la maille de refus?*»
> — *Certes oncques hardiz ne fus*»
> *Fet li prestres* «*mès au tournois*».
>
> (*Du prestre et des II ribauds v. 100
> in Montaiglon-Raynaud Rec. T. III. p. 58.*)

Gemeiniglich wurde mit drei Würfeln gefpielt:

> *Lez le tonnel, en sa main trois dés tint.*
> (*Loh. II., 99. 12.*)
> *Garde sor l'escrin, si a véu iij dez.*
> (*Par. l. Duch. p. 94.*)
> *Wer ûf ein bret drî würfel schiuz.*
> (Trojanerkrieg 15888.)

Von drei Würfeln fpricht auch *le dit de la façon de jouer les dés* (vgl. LACROIX, *Moeurs, Usages etc. p. 255*) und in einer Scene der «*Towneley Mysteries*» würfeln die Söldlinge um Christi Gewand mit drei Würfeln (vgl. WRIGHT l. c. p. 231). Doch erwähnt CHAUCER auch eines Spieles, das mit zwei Würfeln gefpielt wurde (CHAUCER, *ed.* TYRWHITT, *London, Routledge*).

> *a pair of dis of gold.*
> (*Pardonere's tale v. 12557.*)

CHAUCER gebraucht die Bezeichnung *hasard* für das Würfelfpiel im allgemeinen (l. c. v. 12525 f.), und auch in Frankreich pflegte man es fo zu nennen:

> *Auquant demandent dez et tables:*
> *Tex i a joent à hasart*
> *Ce est un geus de male part.*
> (*Rom. de Brut 10836.*)
> *Li autre joient d'autre part*
> *Ou à la mine ou a hasart.*
> (*Erec. 349.*)

>Cil chevaliers jeuent as tables
>Et as eschés de l'autre part
>O à la mine o à hazart..
>>(Le chevalier à l'épée 803
>>Méon N. R. I. p. 152.)

>Rasoir, jouerons à hasart?
>>(Li jus de St. Nicholai p. JEAN BODEL 193
>>in Michel Monmerqué l. c. p. 162.)

Man bezeichnete auch *hasard* den Wurf 6 mit allen drei Würfeln (zufammen alfo 18) als den bestmöglichen Wurf.

>Par fois, dist sains Pieres, j'ai huit;
>Se tu getes après **hasart**,
>J'aurai trois ames à ma part
>Cil gete trois et deux et as
>Et dist saint Pierre, perdu l'as.
>>(Dit de St. Pierre et du jongl. 182.)

>«Vez la XII, perdu l'avez,
>«I III devez, **hasart** encore.
>— Va», fet-il, «male mort t'acore,
>Hoche le dé, ne laisse mie.
>>(Du prestre et des II ribauds p. 62. v. 137.)

>«*Hasart*, Diex» fet-il «j'ai là sis.
>>(ibid. p. 63 v. 146.)

>A defoit, mais hasart ou XVI
>Hasart, Diex!
>>(Li jus de St. Nicholai p. 195.)

BULLET (*Recherches hist. sur les cartes à jouer. Lyon, 1757*; veröffentlicht in C. LEBER, J. B. SALGUES et J. COHEN, *Collection des meilleures dissertations etc. relatifs à l'Histoire de France, Paris, 1826 T. X. p. 266*) bemerkt: «*Du jeu de berlan. Lorsqu'un joueur a ses trois cartes de même façon, comme trois rois, trois as, on dit qu'il a berlan ou hazard. C'est dans ce jeu le coup le plus favorable: c'est de ce coup que ce jeu* à pris son nom. Berlances[1], en celtique, signifie hazard; c'est pour cela qu'on appelait berlan tout jeu de hazard, même avant l'invention des cartes» (p. 354).

Über die Etymologie des Wortes *hazard* find die Anfichten geteilt (vgl. LA CURNE DE ST. PALAYE, *Dict. hist.*; DIEZ, Wb. p. 32). Der Sage nach foll diefe Bezeichnung von einer Stadt in Paläftina Hézar (oder Hazart) ftammen.

«*Il avint, ne demora pas que Rodoans li sires de Halape ot coutenz et guerre à un suen baron qui estoit chatelains d'un chastel qui avoit non Hasart. Et sachiez, que là fu trovez et de là vint li jeus des dez, qui einsint a non.*

(GUILL. DE TYR. livre VII, III. p. 229. I. Bd.)

Diefelbe Anficht wird ausgefprochen GODEFR. DE BOUILLON v. 14038.

MÉNAGE *(Dict. étym. p. 396.)* teilt mit, daß der berühmte Advokat ANTOINE MORNAC in feinem Kommentar zu dem Gefetz *Alearum usus* ebenfalls die Herleitung des Wortes von der fyrifchen Stadt Hafarth als erwiefen angenommen. Er fügt hinzu: «*J'apprends d'un endroit des preuves de l'histoire du différant d'entre le Pape Boniface VIII. et le Roy Philippe le Bel, lequel m'a été indiqué par Mr. Baluze, que les dez étoient appelez **azandi**».*

Wir haben oben das Wort *berlan* als Bezeichnung für ein Spiel gefehen. Man nannte nicht nur das Würfelfpiel, fondern auch den Würfelbecher, zumeift aber das Würfelbrett *berlan, berlenc* (vgl. LACURNE DE ST. PALAYE II, 463.)

> *Gaigne au berlan, au glic, aux quilles:*
> (VILLON, *Ballade de bonne doctrine a ceux de mauvaise vie p. 87.*)

---

[1] LAROUSSE, *Dict. (T. II. p. 1225)* bemerkt zu: *brelan: en celt. brelances succès, hasard = jeu à trois cartes.* Nach DIEZ, Wb. II. c. p. 533 kommt *brelan (brelenc, berlenc)* vom deutfchen *bretlin brettchen* oder (beffer) *bretling*, wie J. GRIMM bemerkt (Haupt. Zeitfchr. I. 577).

Am häufigſten diente dieſes Wort jedoch zur Bezeichnung des Würfelbrettes (vgl. die oben angeführte Etym. des Wortes nach DIEZ und GRIMM.).

> *Un berlenc aporte et trois dés.*
> (*Dit de St. Pierre et du Jongl. 134.*)
> *Vois, quel berlenc por hazeter.*
> (*ibid. v. 138.*)

In Ermangelung eines Würfelbrettes nahm man aber auch mit einer anderen Unterlage vorlieb. So wird in dem bereits citierten *jus de St. Nicholai* auf einem Schachbrette gewürfelt.

> *Rasoir, commenche pour les dés*
> *Ne jà nus l'eschekier ne moere.*
> (*l. c. p. 193.*)

Als der beſte Wurf im Spiele galt, wie ſchon bemerkt, *hasard*. Der ſchlechteſte war *Ambes as*, der Wurf, bei dem jeder Würfel bloß ein Auge aufwies.

> *Abusé m'a, et faict entendre*
> *Tousjours d'ung que ce fust ung aultre;*
> *De farine, que ce fust cendre;*
> *D'ung mortier, ung chapeau de feautre;*
> *De viel machefer, que fust peaultre;*
> *L'ambesas, que ce fussent ternes . . .*
> (VILLON, *Grand testament LVII, p. 48.*)

Ke vaut chou? Tant ont fait Lombart, ke il ont jeté ambes as et le tierc d'un dé dou plus.
> (VILLE-HARDOUIN *597, p. 365.*)

Wir begegnen dieſem *term. techn.* des Würfelſpiels noch im 17. Jahrhundert:

«*Lucrece n'avoit pas encore achevé quand sa tante rompit le jeu, et mesme un cornet qu'elle tenoit à la main, à cause d'un ambezas qui luy estoit venu le plus mal à propos du monde.*»
> (*Le Roman bourgeois p. 52.*)

Auch der Wurf 4 hatte einen böfen Ruf:

> *Toutes eures giet-jou après*
> *J'ai **quaernes**, le plus mal gieu.*
>
> (*Li jus de St. Nich. p. 170.*)

In der oben angezogenen Stelle aus VILLÉ-HARDOUIN konnten wir fehen, wie ein Spielausdruck als Redensart in die Sprache gedrungen ist. *Jeter ambesas* heißt hier foviel wie verlieren. Die Zahl der Redensarten, die auf gleiche Weife ihren Weg vom Spieltifche in die Umgangsfprache gefunden haben, ist nicht klein. Wir wollen einige Beifpiele anführen:

> *Dieu me doint une fois gletter*
> ***Chance** qui soit aucunement*
> *A mon propos.*
>
> (*Charles d'Orléans, T. I. p. 63 Ball. LXV.*)
>
> *Fortune fait souvent **tourner***
> ***Les dez** contre moy mallement.*
>
> (*ibid.*)

LA CURNE DE ST. PALAYE[1] erwähnt noch mehrere andere Redensarten, fo: *changer le dez = faire tourner la chance* (mit einer Belegstelle aus der *Histoire de Bertrand du Guesclin*).

souhait en trois dez = tout ce qu'on peut désirer de mieux.
avoir le dez = glücklich fein (Belegstelle aus dem *Rom. de Fauvel.*); jetzt bedeutet diefe Redensart foviel wie der erste beim Spielen fein (vgl. *Dict. de l'acad.* I. 475 und *Littré, Dict.* 963).

Li dé sont de deus et d'as = verlieren:

> *Or pués tu bien crier hélas*
> *Quar li dé sont de deus et d'as*
> *Nonques nul bon geu ne préis.*
>
> (*Ren. de renart et de Piaudoué v. 55 suppl. p. 41.*)

Daß man Würfel fpielte der bloßen Unterhaltung wegen, geht aus den Quellen nicht hervor.

---

[1] *Dict. hist. T. IV. p. 470.*

> *Li un perdent, li un gaheignent.*
> (*Rom. de Brut 10842.*)

Man fpielte um Geld, und zwar wurden ganz bedeutende Summen auf dem Würfelbrett verloren. Manch' einer verfpielte da, was er befaß:

> *Et ot jué as deis, s'ot tout perdu.*
> (*Aiol 913.*)

Hatte der Spieler kein Geld mehr, fo lieh er fich welches auf Pfänder:

> *Sor gages empruntent deniers*
> *Onze por douse volantiers*
> *Gaaiges donnent, gaaiges saisissent*
> *Gaaiges prennent, gaaiges plivissent.*
> (*Rom. de Brut 10843.*)

Es geschah nicht felten, daß ein Spieler fein ganzes Vermögen den Würfeln zum Opfer brachte. Dies wird z. B. von dem Troubadour Gancelm Faidit berichtet (vgl. Diez, Leben und Werke d. Troub., p. 361). Philippe de Châlons, prince d'Orange mußte nach 11 monatlicher Belagerung von Florenz diefelbe aufgeben und mit der Stadt, die er hätte bezwingen können, Frieden fchließen, weil er das Geld, welches er von Karl V. für die Löhnung der Armee erhalten, im Würfelfpiele verloren hatte (Beneton de Peyrins, *Dissertation sur l'origine des jeux de hasard, Paris 1738;* [veröffentlicht in oben citierter Sammlung von C. Leber etc., X. Bd., p. 201 ff.] p. 230). Die Reifeftationen König Karls VI. laffen fich aus den Spielverluften erfehen, die in den königlichen Rechnungen — *comptes royaux* — figurieren:

> (*D.*) *1389. Au Roy à Nevers, pour jouer aux dez iijc escus valant iijcXXXVII fr. Au Roy pour jouer aus dez à Parcy le Monial, le Ve jour d'icelluy mois CXV fr.*
>
> *Au Roy, pour jouer aus dez à Charrolles le Xe jour d'icelluy mois iiclX fr.* u. f. w.

(mitgeteilt in DE LABORDE, *Notice des émaux, bijoux etc. du Louvre 1853, II. partie: Documents p. 247.)*

Ähnliche Aufzeichnungen begegnen wir in den Regiftern des fchon erwähnten RENIER HOLLANDER, Generaleinnehmer von Brabant.

(anno 1379) X. octobris domine ducisse personaliter ludenti cum domino de Wezemale ad aleas vel't verkeerde: viij pet. val. xij mutones.

(Regifter 17144; königl. Archiv in Brüffel.)

Wie fein Geiftesbruder VILLON hat auch RUTEBEUF die Goldftücke, kaum erhalten, den Würfeln dargebracht.

> *Li dé qui le détier ont fet*
> *M'ont de ma robe tout desfet*
> *Li dé m'ocient*
> *Li dé m'aquetent et espient*
> *Li dé m'assaillent et deffient*
> *Ce poise moi.*

(RUTEBEUF, *T. I., p. 27: De la griesche d'yver.)*

Nicht jeder Gewinner war fo edel wie der Graf v. Poitiers (ein Bruder des h. Ludwig), von dem JOINVILLE berichtet *(Histoire de St. Louis 418):*

> *En ce point que li roys estoit en Acre, se privent li frere le roy à jouer aus deiz; et jouoit li cuens de Poitiers si courtoisement, que quant il avoit gaaingnié, il fesoit ouvrir la sale et fesoit appeler les gentis homes et les gentis femmes, se nulz en y avoit, et donnoit à poingnies aussi bien les siens deniers comme il fesoit ceus que il avoit gaingniés. Et quand il avoit perdu, il achetoit par esme les deniers à ceus à cui il avoit joué . . . .; et donnoit tout et le sien et l'autrui.*

Konnte der Verlierende nicht mehr bezahlen, fo hielt fich der Gewinner an den Befitz feines Opfers, nahm ihm Rock und Mantel. WRIGHT (l. c. p. 230) bringt eine Abbildung nach einer Miniatur aus einem Ms. des 14. Jahrhunderts, wo der eine Spieler felbft fein Hemd verfpielt hat. Sehr hübfch wird in einem *Fabliau, Le departement des Livres* (MÉON, *N. R. T I. p. 404*) geschildert, wie ein junger Student seine Habe und seine Bücher an den Würfelbecher setzt:

> *Li tremeriaus m'a abatu*
> *Par ma folie ai tout perdu,*
> *Tout mon avoir et toz mes livres.*
> *v. 7.*
>
> *Estace le grant et Vigile*
> *Perdi aus dez à Abevile.*
> *v. 49.*

Ob man auch, wenn einem nichts mehr übrig blieb, Freiheit, Leib und Leben verspielen konnte — darüber schweigen die Quellen. In Deutschland gehörte dies nicht zu den Unmöglichkeiten (vgl. darüber SCHUSTER, Das Spiel im deutschen Recht, Wien 1878 p. 14.) Auch seine Frau mochte wohl ein verzweifelter Spieler als Einsatz gesetzt haben: *Cellui est Hazart, qui joue sa femme aux dez* (DU CANGE s. v. *Hazardor*, und SCHUSTER l. c. p. 12). Allzu waghalsiges Spiel suchte man denn auch durch Gesetze einzudämmen. Bei dem Kreuzzuge der Könige Philipp II. August und Richard Löwenherz (1189) wurde ein Verbot gegen allzuhohes Spiel erlassen (mitgeteilt bei VAUBLANC, *La France aux temps des croisades* 1844/47 p. 265): Die Könige dürfen nach Gutdünken spielen, Ritter und Gefolge dürfen in einem Tage und in einer Nacht bei 100 sols Strafe nicht mehr als 20 sols verspielen. Arbeitern und Matrosen wird mit Körperstrafen gedroht.

Manch einer sah im Spiel sein Verderben. *Le dit des marchéans* (MONTAIGLON-RAYNAUD, *Rec. T II. p. 123*) schließt mit einer Bitte an den Heiland, die Kaufleute zu beschützen vor Wetterschäden, Dieben, Unglück zur See,

> *Et il les deffende du dé*
> *Qui maintes foiz m'a desrobé.*
> *(v. 159.)*

Ein beliebter Scherz war es, um Wein oder um die Zeche zu würfeln:

Venez seoir et si getez au vin.
(Loh. II. 99, 12.)

Nous avommes V deniers bus
Faisons les tous avant à des.
(Li jus de St. Nichol. p. 186.)

In der Wirtshausfcene in ADAM DE LA HALLE'S *Jus Adan* wird um den Betrag der Zeche gewürfelt, die der eingefchlafene Mönch, auf deffen Koften gefpielt wurde, dann bezahlen foll (p. 338)[1]. —

Li ostes les ramaine, si prist les dés;
Son plus grant eskekier a aporté,
Ses compaignons en a araisoné:
«Signor» che dist li ostes «or entendés:
A cest cop a il lot bien mesuré
De tout le millor vin de cest ostel;
Et qui ne vient a nous al vin geter
Si me vuit mon celier et laist ester
La noise et le tenchon que vos menés:
N'ai cure de tenchier ne d'estriver,
Ains voil grant pais tenir en mon ostel»
Et cil li respondirent sa volenté:
A tant s'en sont rasis al ju del dé.
(Aiol 2524.)

In den Straßen von Paris war es gang und gäbe, daß Kuchenbäcker mit Würfeln um ihr Backwerk fpielen ließen:

---

[1] Vgl. über die Stelle LEOP. BAHLSEN, ADAM D. L. HALLE'S Dramen etc. Marburg. 1885. p. 46.

Galetes chaudes, eschaudez,
Roinssoles, ca denrée aus dez.
(GUILLAUME DE LA VILLENEUVE, *Les
crieries de Paris v. 64* BARB. MÉON
T. II. p. 279.)

Wir begegnen ebenderfelben Sitte im 14. Jahrh. bei den Kuchenbäckern von Frankfurt, wie KRIEGK (Deutfches Bürgertum im Mittelalter, Frankfurt 1868, I, p. 427) berichtet. Ebendafelbft erzählt auch KRIEGK, daß es gebräuchlich war, um die Zeche zu würfeln; man nannte das: in ein Faß fpielen. Man fpielte wohl auch um eine Gans, ein Bad etc.

Es ging beim Würfelfpiel nicht immer ganz ehrlich zu. Allerdings hat felbft einmal der h. Petrus falfch gefpielt. In dem *fabliau de St. Pierre et du jongleur* (BARB. MÉON, *Fabl. III. p. 282*) hat ein fahrender Spielmann fein ganzes Hab und Gut verwürfelt und kommt nun in die Hölle. Eines Tages begeben fich alle Teufel, den Oberteufel an der Spitze, auf die Erde, und der *jongleur* wird zurückgelaffen, die Keffel zu bewachen, in denen die armen Verdammten braten. Da kommt denn der h. Petrus mit einem Würfelbrett und drei Würfeln, läßt die *flourins* und *estrelins* in feiner Tafche klingen und lädt den *jongleur* ein, mit ihm zu fpielen. Diefer wendet ein, er habe ja nichts einzufetzen.

*Sains Pierre li dist: biaus dous amis
Met de ces ames cinq ou siz.*

Darauf geht nach vielem Zureden der *jongleur* ein. St. Peter gewinnt die Seelen zuerft zu Dutzenden, dann zu Hunderten, endlich zu Taufenden. Um rafcher feinen Zweck zu erreichen, fpielt endlich Petrus fogar falfch. Als Satan nach Haufe kommt, findet er keine einzige Seele mehr. In feiner Wut fchickt er den *jongleur* in den Himmel. In der deutfchen Volksfage ift es der Teufel, der um Seelen würfelt (TETTAU und TEMME, Preußifche Sagen, 1837, p. 197, 199, 200, 212; vgl. GRIMM, Deutfche Myth. 4. Ausg. 1875, p. 841). Auch St. Peter als Würfelfpieler begegnen wir in der deutſchen Sage. Er würfelt gelegentlich mit den Landsknechten (vgl. das Spiel von HANS SACHS: St. Peter mit den Landsknechten II, 130 in der Ausg. v. TITTMANN, Leipzig 1870) und ſchenkt dem Spielhanſel, bei dem er mit dem lieben Gott eingekehrt iſt, Würfel und Karten (GRIMM, Kinder- und Hausmärchen, Göttingen 1856, Nr. 82 *de Spielhansel*; vgl. *var. 3. Bd., p. 131.*)

Würfelſpieler, die es verſtanden «*corriger la fortune*», gab es auf allen Straßen. Wehe dem, der ihnen in die Hände fiel! Es mochte ihm ſo ergehen, wie dem reichen Pfäfflein, das nicht nur ſeine Börſe, ſondern auch ſein reiches Gewand, ja ſelbſt ſein Pferd an zwei fahrende Leute verſpielt, die es auf offener Landſtraße zum Würfeln eingeladen (*Fabliau du prestre et des II ribauds.* MONTAIGLON-RAYN. *Rec. III, p. 58).*

— «*J'ai*», *fet Thibaut*, «*uns dez mespoins*
Qui tuit sont de II. et de troies
Que j'aportai l'autrier de Troies
Dont j'ai mon ribaut desgagié.»

(*p. 59, v. 42.*)

Außer «*dez mespoins*» gab es auch «*dez plombés*».

De rechef, donne à Perinet
J'entendz le bastard de la Barre,
Pour ce qu'il est beau fils et net,
En son escu, en lieu de barre,
Tois detz plombez, de bonne carre,
Ou ung beau joly jeu de cartes . . .

(VILLON, *Gr. Test. XCVIII, p. 63.*)

Der Zunft der Würfelmacher war es verboten, falſche Würfel zu verfertigen:

Nus deicier ne puet ne ne doit fère ne achater **dez ploumez** *quelque chance que il doinent, de quoi qu'il soient ploumez, soit de vif argent ou de plons . . . . . Nus deicier ne puet ne ne doit fère ne achater dez mespoinz, ce est à savoir qui soient touz d'as, ou touz de ij poinz, ou touz de iij ou de iiij, ou de V ou touz de Vj, ou dez à* deus ij ou à deus as, ou à deus V, ou à deus iij, ou à deus iiij, ou à deus Vj, que on apèle per et non per. Nus deicier ne puet ne ne doit fère ne achater dez longuez, ce est à savoir dez frotez à pierre ... (wahrſcheinlich Magnetſtein.)

(Livre des Métiers d'ÉTIENNE BOILEAU p. 182.)

In der Hitze des Spieles erhob der Verlierende wohl leicht den Vorwurf des Falſchſpielens.

> Mès c'est coustume de ribaut
> Quant on ne fet sa volenté,
> Si dist c'on li change li dé.
>
> (Dit de St. Pierre et du jongl. v. 240.)
>
> « Vous me boisiez, defors gitez
> « Crolez la main, hociez les dez. »
>
> (Rom. de Brut 10861.)

Dabei blieb man aber nicht ſtehen; man ſchimpfte und fluchte ganz läſterlich.

> Sovant jurent, sovant s'afichent.
>
> (Rom. de Brut 10847.)
>
> « — Va », fet-il, « male mort t'accore
> Hoche le dé, ne laisse mie ».
>
> (Du prestre et des II rib. v. 140.)
>
> L'un, quand il pert, maugrée Dieu
> Tous ses sains et leur letanie;
> L'autre doit argent, puis le nie
> Et sur jurer en vain se fonde.
>
> (EUST. DESCHAMPS, Ball. MXXXIV. p. 309. Bd. V.)

Vgl. auch die Schimpfſcene beim Würfelſpiel. EUST. DESCHAMPS, Ball. DCCLXXXIII. Bd. IV. p. 286. Der Dichter von La clef d'amors ermahnt den Ritter, wenn er mit einer Dame ſpielt, nicht zu fluchen und zu läſtern, wie es ſonſt gang und gäbe iſt (l. c. p. 2633—2656).

Es war auch unter Spielern nicht ſelten, daß man zu Thätlichkeiten überging und mit dem Meſſer ein Spiel beendete (vgl. das bereits citierte *fabl. du jeu de dez.*). Wegen des Fluchens gegen Gott und die h. Jungfrau verbot Richard II. 1340 das Würfelspiel in der Provence (BENETON DE PEYRINS, *Diss.*, l. c. 233). Aus demselben Grunde wahrscheinlich waren die strengen Spielverbote für die Geistlichkeit erlassen. Der Kardinal Peter d'Amiens verurteilte (Ende des 14. Jahrh.) einen Bischof von Florenz, der Würfel gespielt hatte, dreimal die Pfalmen Davids herzusagen, 12 Armen die Füße zu waschen und jedem von ihnen ein Goldstück zu geben (BENETON DE PEYRINS l. c. p. 230). Trotz der Verbote waren aber die Geistlichen oft arge Spieler. In einer Farce: *Les Poures Deables* (LEROUX DE LINCY et FR. MICHEL, *Récueil de Farces, moralités etc. 1837. T. I*) schildert ein Mönch die Spielfucht der Kleriker:

> *Ilz ont chambres toutes propices*
> *Femines segrettes et nourrices*
> *Y jouent aux cartes et aux des*
> *Aux jeux deffendus eludes.*
>
> *(p. 21.)*

Den Juden war das Würfelspiel verboten. Nur am Hochzeitstage oder an hebräischen Festen war es ihnen gestattet (Juden-Verordnung a. d. J. 1279, gegeben zu Pamiers; vgl. LEGRAND D'AUSSY, *Fabl. T. I. p. 252*). Milder war die Juden-Ordnung vom Jahre 1402 in Frankfurt, die den Juden das Spielen untereinander und in ihren Wohnungen erlaubte (KRIEGK l. c. T. I. 584. Anm. 406).

Aber auch allgemeine Befehle gegen das Würfelspiel wurden wiederholt erlassen. 1254 verordnete Ludwig der Heilige:

Nous voulons et establissons que tuit nostre prevost et nostre baillif se tieingnent de jurer parole qui tieingne au despit de Dieu, ne de Notre Dame et de touz sains, et se gardent de geu de dez et de tavernes[1]. *Nous voulons que la forge de deiz soit deffendue par tout nostre royaume.*

(Joinville 702.)

---

[1] Brüsseler Hs. (von NATALIS DE WAILLY mit A bezeichnet) = *dez de taverne*.

Wie wenig diefes Verbot nützte, geht aus der Thatfache hervor, daß wir aus demfelben Jahrhundert bereits die Statuten einer Zunft der Würfelmacher kennen:

(*Livre des Métiers d'*ÉTIENNE BOILEAU, *Tit. LXXI. p. 180.*)
Des Deiciers de Paris: Quiconques veust estre deycier à Paris, ce est à savoir feseur de dez à tables et à eschiès, d'os et d'yvoire, de cor et de toute autre manière d'estoffe et de métal, estre le puet franchement.

Im 14. Jahrh. gab es fchon eigene Würfelfpielhäufer, gegen die ebenfalls mit Verboten wirkungslos angekämpft wurde. In Belgien hießen diefe Häufer *dobbel-scolen* (vgl. HOFFMANN V. FALLERSLEBEN, *Horae belg. T. VI. p. 171*). Bei Nacht mußten diefe — bei 5 Pfund Strafe — gefchloffen werden (Ordn. v. Brüffel a. d. J. 1342) (vgl. WILLEMS, Belg. Mufeum I. 250). Auf deutfchem Boden war die erfte Spielbank — natürlich eine Würfelfpielbank — das Spiel auf dem heißen Stein in Frankfurt 1390, fo genannt nach dem Haufe, wo es abgehalten wurde. Die Pächter — fpäter nahm die Stadt das Haus in eigene Verwaltung — fanden eine Goldgrube darin (KRIEGK l. c. p. 344 ff.). Schließlich wollen wir noch nicht unerwähnt laffen, daß der Würfel auch zuweilen im Wappen Aufnahme fand. Dies gefchah auch in Deutfchland. Die Familie Eckoldt von Eckoldtftein führt einen drei Augen zeigenden Würfel in rotem Felde[1] (vgl. die Abb. bei SIEBMACHER, Wappenbuch [neue Ausgabe von HEFNER, GÜTZNER, HILDEBRANDT; Nürnberg, 1878. I. Bd. III. Abt. Tafel 212]).

III. Brettfpiele.

a) Das Tafelfpiel.

Ein Würfelfpiel, bei welchem das Würfelbrett einen integrierenden Beftandteil des Spieles bildet, tritt uns fchon bei den Römern entgegen. Aus diefer Verbindung des Würfels mit dem Würfelbrett fcheint das Tafelfpiel hervorgegangen zu fein. Die erfte deutliche Befchreibung desfelben liefert Bifchof ISIDOR VON

---
[1] Erhielt aber das Recht, diefes Wappen zu führen, erft in neuerer Zeit.

Sevilla († 963) in feinen *Origines* XVIII. Kap. LX (vgl. Linde, Gefchichte des Schachfpieles I, 46). Wright (l. c. p. 52) erwähnt ein *toefel*-Spiel bei den Angelfachfen, und auch in Deutfchland treffen wir fchon früh die Spuren eines Brettfpieles (vgl. Weinhold l. c. p. 114).

In unferen franzöfifchen Quellen finden wir zahllofe Stellen, die vom *jeu des tables* handeln. Es wird meift mit Schach zufammen genannt; näheres über das Spiel können wir allerdings aus diefen ziemlich fchablonenhaften Stellen nicht erfahren.

Wir führen einige wenige diefer Stellen beifpielshalber an:

Des tables, des eschiès se vont bien doctrinant.
(Ched. du Cygne v. 3483.)

Ly uns s'en va juer et li autre tresquier
Ou as tables jouer ou à ung esquequier.
(ibid. v. 4584.)

A eschès jue et à tables
Et à tous autres jues covenables.
(Les enseignements d'Édouard III. p. 548.)

A ju d'eskès, à ju des tables
Ces coses sont assés raisnables.
(Michel-Monmerqué, Théatre etc. p. 68, Anm.)

Après mangier, sans arester
Fait li duc les tables oster,
Puis si lièvc, si vait dormir,
Et li auquant vont escremir,
Et li autre juent as tables
Et as autres gius délitables.
(Rom. de la Violette p. 159 v. 3219.)

Li arcevesques juoit as chevaliers,
Si l'ensignoit li bons Danois Ogiers
Car mult savoit d'escès et des tabliers:
C'est une cose dont Turpins l'avoit chier.
(Ogier de Danemarche v. 9701.)

Au court jeu de tables jouer
Amour me fait moult longuement.
(*Charles d'Orléans T. I. p. 62. Ball. LXVI.*)

Zwei Stellen laffen uns erkennen, daß bei diefem Spiele Würfel in Gebrauch waren:

La dame monte contremont les degreiz
Trovoit Hernaut, ke tant fu redouteiz
Ou il ivioit as tables et as deiz.
(*Girart de Viane 3365.*)

und bei JOINVILLE (l. c. 405): . . . . . *Un jour, demanda* (nämlich der König) *que li cuens d'Anjou faisoit; et on li dist que il jouoit aus tables à mon signour Gautier d'Anemoes. Et il ala là touz chancelans pour la flebesce de sa maladie; et prist les dez et les tables et les geta en la mer.*

Die Anfichten der Erklärer find in Bezug auf diefes Spiel fehr geteilt. MÉNAGE (*Dict. etym. 1750*) hält es für das Damefpiel. Diefer Anficht fchließt fich auch ALWIN SCHULTZ an (Das höf. Leben z. Zeit d. Minnefinger, II. Aufl. 1889/90. 533, I. Bd.). So hält auch WEINHOLD (l. c. p. 115) das deutfche Brettfpiel, *zabelspil,* für ein unferm Damezichen verwandtes. Andere, wie ROQUEFORT (*Dict. etym. 1829*), identifizieren es mit *Tric-trac.* Es ift aber weder das Damefpiel noch *Tric-trac,* wenngleich es mit letzterem große Ähnlichkeit hat. DE LABORDE (l. c. p. 509) citiert ein Ms. aus dem 14. Jahrhundert (*Bibl. nat. Anc. fonds 7918*) *le livret des divers jeux partis du tablier,* welches die Regeln des *échiquier, du trictrac et du jeu des tables* umfaßt, alfo beide Spiele voneinander unterfcheidet.

Im 14. Jahrhundert lebte ein gewiffer NICOLAS DE NICOLAI, über deffen nähere Lebensumftände wir vollkommen im unklaren find (vgl. über ihn und feine Schriften LAJARD in *Hist. litt. de la France, XXV pp. 41—59; Bibliogr.* bei LINDE, Schachlitt. p. 74). Es find von ihm 3 Tractate erhalten, eines über das Schachfpiel, eines über das Tafelfpiel, das letzte über das *jeu des mérelles* (die

Parifer Bibliothek' befitzt mehrere handfchriftliche Kopieen). In dem zweiten diefer Tractate wird das Tafelfpiel abgehandelt, vielmehr es werden Regeln gegeben, wie man es fpielen foll; die Grundzüge des Spieles werden als bekannt vorausgefetzt. Eine Abbildung zeigt uns ein doppeltes Brett mit je 12 farbigen Zungen auf jeder Seite. Man fpielte mit 2 Würfeln (in manchen Fällen auch mit drei). Jeder Spieler hatte 15 Damen. In dem Prachtwerk von HEFNER-ALTENECK (Trachten, Kunftwerke und Gerätfchaften des Mittelalters, 1881. 2. Aufl. 2. Bd. Taf. 139) findet fich die Abbildung eines folchen Brettes aus dem 13. Jahrhundert (Stiftskirche zu Afchaffenburg). Es ift aus Jafpis und Bergkryftall mit eingelegten phantaftifchen Figuren, überaus kunftvoll gearbeitet. Es weift aber nicht 12, fondern bloß 10 Zungen auf.

Bei den deutfchen Dichtern wird das Spiel als Wurfzabel erwähnt. Nach dem Renner 11401 foll ein Ritter Alco es vor Troja erfunden haben (Belegftelle bei ALWIN SCHULTZ l. c. p. 534). Auch in England war es gang und gäbe[1] (vgl. WRIGTH l. c. p. 233; dort auch eine Zeichnung eines Spielbrettes, die der Abb. bei NICOLAI entfpricht).

b) *Jeu des mérelles.*

Im *lai de Cortois d'Arras* (BARB. MÉON *Fabl.* T I. p. 356) verliert der Ritter feine *estrelins* an zwei fahrende Fräulein im *mérelle*-Spiel. Im Supplement der Rénard-Ausgabe von MÉON (her. v. CHABAILLE) fetzt Meifter Reinecke einen Aal als Preis in diefem Spiel (DE L'ANDOILLE *qui fui juye es marelles v. 310 ff. p. 13*). GUILLAUME DE GUILLEVILLE erwähnt das Spiel zweimal: *Jeux de tables et d'échiquier, De boules et mereilliers* (*Le romant des trois pélerinages p. XIV*) und

---

[1] SHAKESPEARE erwähnt es noch:
*This is the ape of form, monsieur the nice
That, when he plays at tables, chides the dice.*
(*Love's Labour Lost Act. V. sc. 2.*)

>   *A mains geux qui sont devees*
>   *Aux merelles, tables et dez.*   (p. XXII.)

Junge Mädchen fpielen unter anderen unfchuldigen Spielen auch *pince-merille (Ménagier I, 71).*

>   *Et quant la lune estoit serine*
>   *Moult bien à la pince-merine*
>   *Juiens.*   (FROISSART, *Poésies, L'espinette amoureuse v. 195.*)

> *Dist l'un « J'en sçai un tout nouvel* (ein Spiel nämlich)
> *« Que je voeil monstrer et aprendre*
> *« Et qui bien est tailliés dou prendre. »*
> *Quel est le ju? on li demande.*
> *Il respondi à la demande:*
> *« C'est cils de la pince merine;*
> *« Enfant de roy et de roïne*
> *« Le porvient par honnour faire. »*
>   (Ibid. *Le joli buisson de Jonece 2930.*)

MÉRAY (*La vie au temps des cours d'amour p. 71*) erzählt, daß man diefes Spiel für das noch jetzt bei der Jugend gebräuchliche «Himmel und Hölle»[1] halte. Auch er, obzwar mit diefer Deutung nicht einverftanden, bezeichnet es als ein Spiel im Freien. LACROIX (l. c. p. 258) fcheint es mit dem italienifchen *mora*-Spiel zu identifizieren.

Es ift aber ein Brettfpiel, wie wir aus dem dritten Tractate des NICOLAS DE NICOLAI erfahren. Dort finden wir auch folgende Zeichnung:

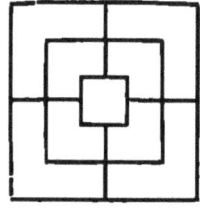

---

[1] Diefes Spiel wird von RABELAIS (l. c.) *franc du carreau* genannt, f. deffen genaue Befchreibung in *Dict. de Trévoux*.

Zwei Spieler fpielten mit verfchiedenfarbigen Steinen, die Spielweife war ähnlich unferm heutigen Mühlefpiel, dem ja auch das Brett gleicht. In MÉNAGE (l. c. 496) findet fich folgendes Citat aus SCALIGER:

«*Qui manifesto lusus hodie a pueris observatur. Nam qui lapillos in linea continuat, is vincit*».

Es kommt bei diefem Spiele hauptfächlich auf das richtige Setzen der Steine an. Wer falfch fetzt oder falfch zieht, verfpielt:

Ja érent li merel mestreit.

(*La vie de Saint Gilles 1598.*)

(wozu der Herausgeber bemerkt: *expression proverbiale: les choses iront mal*). Wir begegnen diefer Redensart fehr häufig:

Que il n'i ait merel mestrait
Se il voit chose qui lui plaist.

(*Ren. var. zu v. 2215 suppl. p. 73.*)

La Girart a mal placé son mereau.

(*Girart de Roussillon 435.*)

Cele nuit ont an Rune maistraite la marrele.

(BODEL. *Sacons I, 177.*)

ganz entfprechend unferm «fich in einer Zwickmühle[1] befinden» heißt es:

Se son oncle séuist qu'il fust en tel mériel.

(*Cher. du cygne 13399.*)

Im Mufeum des Louvre zu Paris befinden fich nach DE LABORDE's Angaben (l. c. p. 381) viele, zum Teil fehr koftbare Mühlenbretter (*marelliers*); auch Mühlfteine find dort vorhanden («*disques semblables à nos dames, faits en carton, en cire, en plomb, en cuivre*»). Auch die Brettfpielfteine (K. Mufeum in Berlin), die bei HEFNER-ALTENECK (l. c. T. 2, Taf. 98) abgebildet find, fcheinen mir zu diefem Spiel gedient zu haben. Sie find aus Kronen von Hirfchgeweih ver-

---

[1] Dem Worte «Zwickmühle» entfpricht ja das Wort «*pince-merille*» vollkommen!

fertigt und mit kunftvollen Reliefdarftellungen gefchmückt. Vielleicht läßt fich das Wort *mérelle* mit dem italienifchen *merla*, Mauerzinne, zufammenftellen. Man kann in der Zeichnung des Mühlenbrettes eine Art Feftungsplan erkennen, wo die Steine — als Angreifer — die einzelnen Mauern überfteigen müffen. Nach MÉNAGE aber kommt diefes Wort vom lateinifchen *mina, minula* (vgl. DIEZ, Etym. Wb. *sub merlo* p. 212). Wir könnten demnach das Spiel «mine», das man bisher vergebens zu erklären verfucht, mit *mérelle* gleichftellen.

Mine wird oft erwähnt. Bekannt find die Stellen Erec 349 und Parton. 10567. Wir führen noch einige andere an:

Mais à la mine entre nous iij;
Seur che ganing a bonne estraine.
(Jus de St. Nicholai p. 185.)

Plus se fièrent menmement
Que cil, qui met deniers sor mine.
(Chev. de la Charr. p. 76.)

Et chevaliers et damoiselles
Qui jooient à plusieurs gens ....
Li un au dez, li autre au sen,
A la mine i rejooit-en.
(ibid p. 48.)

In deutfchen Gedichten begegnen wir einem Spiele mile, das wahrfcheinlich ebenfalls dem *mérelle* oder *mine*-Spiel entfpricht (z. B. KRONE 642; EILH. V. OBERGE, Triftan 6362.)

c) Das Schachfpiel.

Über das Schachfpiel im Mittelalter ift fo viel und fo erfchöpfend gefchrieben worden[1], daß es wohl überflüffig wäre, hier näher auf das Wefen diefes Spieles in der von uns behandelten

---

[1] Vergl. v. D. LINDE, Gefch. und Litt. des Schachfpieles 1874; derf.; Quellenftudien z. Gefchichte des Schachfp. 1881; H. F. MASSMANN, Gefch. des mittelalterl. Schachfp. 1839; WACKERNAGEL, Kleinere Schriften 1872, I. B. p. 107—127.

Zeit einzugehen. Wir werden uns der Vollſtändigkeit halber — denn in einer Abhandlung über das Spiel in Altfrankreich darf das Schach nicht fehlen — damit begnügen, das wichtigſte anzugeben, womöglich auf Grund noch nicht angezogener Stellen.

Das Schachſpiel kam aus dem Oriente nach Frankreich. Anders berichtet der *Roman de la rose:*

> *Car ainsinc le dist Athalus*
> *Qui des eschez controva l'us,*
> *Quand il traitoit l'arismétique;*
> *Et verras en Policratique*
> *Qu'il s'enfléchi de la matire*
> *Et des nombres devoit escripre*
> *Où ce biau geu joli trova*
> *Que par démonstrance prova.*
> *(Rom. d. l. Rose v. 7427[1].)*

Das Schachbrett war oft von koſtbarem Metall. Unter den Geſchenken, die der h. Ludwig von dem Alten vom Berge bekommt, befinden ſich . . . . *et jeuz de tables et de eschiez; et toutes ces choses estoient fleuretées de ambre, et estoit li ambres liez sur le cristal à beles vignetes de bon or fin* (JOINVILLE 457).

> *Ains plus rice eskekier ie croi nus hommes ne vit*
> *Toz fu dor et dargent tresgeteiz et cloofis*
> *La bordeüre entor fu faite dun rubis.*
> *(Gar. de Mongl. p. 349 v. 20.)*

> *Adont on fait l'eskekier aporter,*
> *Qui estoit dor et d'argent painturé.*
> *(Huon de Bord. 7491.)*

> *D'un eschekier d'argent.*
> *(Quatre fils d'Aymon 156. 35.)*

---

[1] Ich citiere den *Rom. d. l. Rose* ſtets nach der Ausgabe von F. MICHEL, Paris 1864, ohne die falſche Verszählung zu ändern (wegen letzterer vgl. KÖLBING, Engl. Studien XL Bd. p. 164).

Callos l'a mort d'un eskekier d'or mier[1].

(OGIER le Dan. 3186.)

Daß diefe Schilderungen der Wirklichkeit entfprechen, erfehen wir aus DE LABORDE (l. c. p. 267), wo die im Louvre aufbewahrten Schachbretter befchrieben find, eines koftbarer als das andere. Es foll auch, wie die Sage berichtet, wunderbare Schachbretter gegeben haben, deren Figuren von felbft fpielten. Ein folches findet Peredur im Schloß der Wunder. Er mifcht fich ins Spiel und verliert. Aus Zorn darüber fchleudert er das Brett in den See (VILLEMARQUÉ, *Contes populaires des anciens Bretons.* 1842, T. II. p. 244). Dazu bemerkt der Herausgeber (p. 296): dies fei dasfelbe Schachbrett, welches der Barde Merzin dem Könige Gwendolen gefchenkt, und welches diefer mit anderen 12 magifchen Dingen, den größten Wundern Britanniens, in fein Grab mitgenommen. Bei WOLFRAM fehlt die Epifode mit dem Wunderfchach. Ähnliche Abenteuer kommen oft vor. Im PERCEVAL LE GALLOIS (p. p. CH. POTVIN, Mons. 1868 T. IV) vgl. v. 30230: *Comment la pucelle racompte à Perceval la manière et comment l'eschiquier et les eschetz jouyent seulz et comment ilz luy furent donnez par Morge la fée, seur du roi Arthus, quant elle féist son département d'avecques la dicte* MORGE (Inhaltsangabe nach der Profaüberfetzung diefes Romans a. d. Jahre 1538). Vgl. auch P. PARIS: *Les Romans de la Table Ronde* (Paris, 1868) T. II. p. 198: «*La dame obtint de Guinebaut un second jeu. Ce fut un échiquier mi-parti d'or et d'ivoire, ainsi que les paons et les autres personnages. Le sort qu'il jeta fut tel: sitôt qu'un joueur avait fait le premier trait d'un paon ou de quelque autre pièce, il devait voir le jeu répondre et les pièces avancer sans qu'une main les conduisît; quelle que fût son adresse, le joueur ne pourrait manquer d'être maté par le jeu, jusqu'au moment où paraîtrait le Chevalier loyal en amour, fils de roi et de reine.* Ähnliches kommt auch im Roman von *Sir Gaheret* und im Roman von *Lancelot du Lac* vor (vgl. P. PARIS ibid. T. V. p. 311 und SAN MARTE, Die Arthurfage 1842, p. 214).

---

[1] Andere Lesart: *d'ormier*.

Wie die Schachbretter waren auch die Figuren manchmal aus koftbarem Material:

> Li eskiec furent de fin ors esmeré.
> (Huon de Bord 7493.)
> Donc a pris un aufin, qui la teste ot dorée.
> (Quatre fils d' Aym. 390. 22.)

Die Figuren hießen: *rois*, *fierche*, *ros*, *chevaliers*, *paons*, *fos* (nach *Rom. de la Rose 7447*). Näheres über Namen und Bedeutung der Figuren f. MASSMANN l. c. p. 31 ff. (§§ 9—14) und WACKERNAGEL l. c. p. 109. Die termini technici des heutigen Schachfpieles waren fchon im Gebrauch. Von dem Rufe: Matt! gab man wohl auch bisweilen dem ganzen Spiele den Namen:

> As echas joent li plusor
> Au geu del mat ou au mellor.
> (Rom. de Brut 10839.)

Dem Turm wird Schach geboten:

> Eschac se dist Garin au roc.
> (Garin de Mongl. p. 354 v. 29.)

Dem Könige:

> Eschec et mat riens ne doutoient.
> (Roman de la Rose 7408.)

Der Ausdruck mater ilt fehr häufig:

> Je ne vos materai se n'est outre mon gie.
> (Gar. de M. p. 353 v. 11.)

Außerdem finden wir noch den Ruf: «havé!»[1]

> Ne cil haver ne le pooit.
> (Rom. de la Rose 7409.)

Vielleicht galt dies bloß der Königin.

Ähnlich find die Schachausdrücke[1] *(zabelworte)* in den deutfchen Quellen (f. einige Belegftellen bei SCHULTZ l. c.)

---

[1] Vgl. zu diefem Worte die Erklärung von SCHELER im Anhang zu DIEZ Wb. p. 800.

[2] Vgl. u. a. das von Prof. F. VETTER herausgegebene «Kunrats von Ammenhaufen Schachzabelbuch» (86).

Wenn geübte Meister beim Spiele saßen, gab es wohl auch viele Zuschauer, die dem Gang der Partie folgten. Schon damals war es aber verpönt, dreinzureden:

«*Or vous requier, sire, que nen parlés*
«*Vous ne vostre homme, cortoisie ferés;*
«*Si jus est grans, nus ne s'en doit meller.*»

(*Huon de B.* 7485.)

Dagegen finden wir eine Stelle:

As eschés joe Guillaume au court nés
Hernauz et Bueves et danz Garins li ber.
Cil troi se sont encontre lui torné:
Hernauz ses frere lor a un tret mostré
Par quoi li autre furent del jeu maté.

(*La mort Aymeri* 2202.)

In früher Jugend lernte man das edle Spiel. Die Kenntnis desselben galt als Erfordernis höfischer Zucht.

Quant l'anfès ot XV anz et compliz et passez
Premiers aprist à letres, tant qu'il en sot assez
Puis aprist il a tables et à eschas joier.

(*Par. la Duch. p. 86.*)

Ganor li Arabiz fet bien norrir l'enfant
. . .
Li rois l'a fet aprendre de tot son errement,
Et d'eschès et de tables de ce set il forment.

(*Aye d'Avignon* 2587.)

Et quant il en ont VI bien galopent d'estrier;
Et d'eschez et des tables lez font bien enseignier.

(*Guy de Nanteuil* 118.)

Noblement le faisoit et rester et couchier;
Comme le sien enfant déduire enseigner;
Et li faisoit apprendre le jeu de l'esquiquier.

(*Baudouin de Sebourc T. I. p. 39.*)

Wenn die Erwachsenen spielten, ließ man die Kinder, damit sie lernen sollten, zusehen:

As eschès commence à juer
A un chevaler d'utre-mer;
De l'autre part del eschéker
Devent sa fille enseigner.

(MARIE DE FRANCE, *Lai d'Éliduc 434.*)

Auch Frauen und Mädchen erlernten das edle Spiel:

Les gieuz des eschès et des tables
le sont propres et couvenables;
nous tenons fame a bien aprise
qui bien en seit l'art et la guise.

(*La clef d'amors v. 2617.*)

Cil damoisel joent et esbaudissent.

(*La mort Aymeri 2479.*)

Die Schachspieler wendeten ihren ganzen Geist an das Spiel und waren oft, am Brette sitzend, kaum davon zu trennen.

Cornumarans ot fait l'esquiecquier aporter
Pourtant qu'au roy soudant volait ung jeu moustrer;
Mais ly soudans ly dist: «Je me voel reposer».
Et Moradins ly dist: «A vous me voel ranter
De IJ jeux ou de trois, s'il vous plest acorder».
Et dist Cornumarans: «Et je vous voel mater».
Là s'allèrent tout doy tellement assoter,
Que nuls ne les pooit partir ne désevrer.

(*Cher. du cygne 19166.*)

Li dus est travcilliez et las
De ce qu'il joa aus eschas.

(*Rom. de Trubert p. Douin 1455.*)

Man spielte Schach gewiß meist nicht des Gewinnes wegen, sondern in erster Linie, wie dies ja auch aus den eben angeführten Stellen hervorgeht, um den Geist angenehm zu unterhalten, um fich zu zerftreuen. Die Verfe, wo im Rolandslied von den fchachfpielenden Rittern die Rede ift:

> *As tables juent pur els esbaneier,*
> *E as eschecs li plus saive et li vieil;*
> (*Chanson de Rol. 111.*)

können als typifch gelten. Unzählige Male trifft man in den Romanen die Wendung: *ils joënt as eschiés por els esbaneier* (fo z. B. Karls Reife nach Jerufalem v. 270 und 338; OGIER 9699, 2495 u. v. a. m.).

Doch kam es auch vor, daß man um Geld fpielte:

> *Au fil au duc Grauer commença à juer;*
> *Chascuns mist c. fians de deniers monéez;*
> *Mais il les a trestoz et vancus et matez,*
> *Que il n'i ot .i. sol qui l'an poëst mater.*
> (*Par. l. Duch. p. 105.*)

> *Il aimoit fort l'art et le jeu des êchez, jouoit à fort et à l'argent.*
> (GEORGES CHASTELLAIN, *Chronique d. ducs*
> *de Bourgogne; Eloge de Charles le Hardy*
> *p. XXXV.*)

Auch das Verfpielen anderer Dinge von Wert war am Schach wie am Würfelbrett nicht felten.

> *Et dan Guillaume qui jeue à l'eschequier*
> *Perdu avoit un mul et un somier.*
> (*Li Covenans Vivien 990.*)

Reizend fchildert FROISSART (*Oeuvres T. III. p. 458*) eine Schachpartie zwifchen König Eduard III. und der Gräfin von Salisbury.

A l'entrée dou jeu des escès, li roys, pui valloit que aucune cose demourast dou sien à la dame, l'assailli en riant: «Dame, que vous plaist-il à mettre au jeu?» Et la dame respondi: «Sire, et vous ossi?» Adont mist li roys avant ung très bel aniel qu'il portoit en son doi à ung gros rubi sus le tablier . . .

Sie ſetzt ebenfalls einen Ring ein. Doch der König, der in die Dame verliebt iſt, ſieht mehr in die Augen ſeiner Partnerin als auf das Brett . . .

Quant li roys veoit que elle s'estoit fourfaite d'un rock, d'un chevalier ou de quoy que fuist, il se fourfaisoit ossi pour remettre la dame en son jeu. Tant jeuèrent que li roys le perdi et fu mas d'un aufin.

Es war nicht ſelten, daß es unter Schachſpielern zu erregten Scenen kam. Als Beiſpiel einer ſolchen, zugleich als die vollſtändigſte Schilderung einer «Eröffnung»[1] in unſeren Quellen möge folgende Stelle aus OGIER LE DAN. hier Platz finden:

Il et Callos prisent un esquekier,
Au jeu s'asisent por aus esbanier.
S'ont lor eschés assis sor le tabler
Li fix au roi traist son paon premier
Baudouines traist son aufin arier
Le fix au roi le volt forment coitier
Sus l'autre aufin a trait son chevalier
Tant traist li uns avant et l'autre arier
Baudouinés li dist mat en l'angler[2]
Bauduinet comence à laidenger:

und überhäuft er ſeinen Beſieger mit Schimpfworten. Dann:

---

[1] Eine andere «Eröffnung» finden wir umſtändlich geſchildert in *Roman d'Alexandre ms. de la bibl. Bodléienne* n = 264 fol. 218 verso col. 1 mitgeteilt in der *Chronique d. ducs de Normandie etc.* T. II. p. 514 Anm.:
Tout entor l'eschequier s'alerent arouter.
Li cevalier de Gresse, qui se voloit haster,
Le paon de la fierge a fait avant aler;
Et la pucele a trait lièment, sans muser,

[2] Dies ſcheint eine beliebte Art des Mattſetzens geweſen zu ſein:
Bien m'a dit li evesques «Eschac»:
Et m'a rendu maté en l'angle.
        (Le miracle de Théophile p. 139.)
Vous die eschec et mat en l'angle.
        (Du larron qui se convertit v. 45. MÉON.
        N. R. T. II. p. 203.)

> *A ses deus mains a saisi l'esqueker*
> *Bauduinet en féri el fronter*
> *Le test li fent, s'en salt li cerveler*
> *Desus le marbre le fist mort justicher.*
> (OG. LE DAN. v. 3159—3180.)

Ähnliche Scenen finden fich häufig (*Les Quatre fils d'Aymon 51, 20 ff.; Gar. de Mongl. 351, 25 ff.; Parise la Duch. p. 106*). Auch in deutfchen Gedichten ift folcher Mord mit dem Schachbrett kein feltenes Vorkommnis. Uns erfcheint es, als ob diefes Motiv zum erftenmale Verwendung fände in dem Gedicht *Quirinalia*, verfaßt 1160 von METELLUS, einem Benediktiner von Tegernfee:

> *Huic ludo tabulae regis erat filuis obvius*
> *Donec doctior hic obtinuit promptius aleam;*
> *Rixam victus agit, corde patris forte potentius*
> *Et Rocho jaculans mortifere vulnus adegerat.*
> (*Thesaurus monum.* [CANISIUS, *Lectiones antiqu.* Ingolstadt, 1601] T. I. App. p. 69.)

Es ift nicht unwahrfcheinlich, daß diefe Stelle manchem Dichter als Quelle gedient hat.

Nicht felten wird das Schachfpiel als romantifches Motiv verwendet.

In *Garin de Monglane* ift König Karl eiferfüchtig auf Garin, zu dem er feine Gattin in Liebe entflammt glaubt. Er bietet nun Garin eine Partie Schach an: er, der König, fetzt als Einfatz fein Weib und fein Reich, Garin feinen Kopf. Wie vor einem Zweikampf wird auf Kreuz und Evangelium gefchworen; dann verfammeln fich die Kampfzeugen um die Spieler, und die Partie beginnt. Dem Könige geht es fchlecht, und wiederholt greift er ans Schwert. Mit Mühe verhindern die Ritter ein blutiges Zwifchenfpiel.

> *Le cevalier à diestre, por le paon embler.*
> *Li Baudrains traist sa fierge por son paon saurer,*
> *Et cele son aufin, qui cuida conquester.*
> *La firge ou le paon ou faire reculer.*

Schließlich giebt der König, angefichts des Matt, die Partie auf. Aber großmütig verzichtet Garin auf den Preis und erbittet fich bloß die Erlaubnis, das als uneinnehmbar geltende Schloß Monglane erobern zu dürfen.

In *Huon de Bord.* kommt ebenfalls eine intereffante Schachepifode vor (p. 220—225). Huon, als *jongleur* verkleidet, kommt an den Hof des Sarazenenfürften Ivoirin de Mouhane. Er rühmt alle feine Künfte und Fertigkeiten, und als er auch von feiner Kenntnis des Schachfpieles fpricht, nimmt ihn der Emir beim Wort. Er foll mit des Fürften Tochter eine Partie fpielen.

Dist l'amirés: «*Ma fille, or m'entendés:*
«*Il vous convient à che vallet juer;*
«*Je le poés au ju d'eskiés mater,*
«*Trestot errant ara le cief copé,*
«*Et, s'il vous puet faire du ju torner,*
«*De vous doit faire tote sa volenté.*»
(v. 7465.)

Im Laufe des Spieles verliebt fich die Prinzeffin in ihren Gegner und verliert mit Abficht. Huon jedoch, treu feiner Dame, der fchönen Esclarmonde, verzichtet auf den füßen Preis:

Dist Yvorins: «*Se çou faire volés,*
.*C. mars d'argent vous feroie donner*».
— «*Sire*», *dist Hues,* «*oïl, si m'aït Dés.*»
Et la pucele s'en va à cuer iré.
(v. 7531.)

Da fie den wahren Grund feines Verzichtes nicht kennt, bereut fie jetzt bitter, Huon nicht matt gefetzt zu haben.

In *Parise la Duchesse* find die jungen ungarifchen Barone neiderfüllt gegen Hugues, den Adoptivfohn des Königs, der deffen Tochter heiraten foll. Um Hugues aus dem Wege zu räumen, befchließen fie, Hugues zu einer Schachpartie in ein unterirdifches Gemach zu laden. Da wollen fie dann mit ihm Händel fuchen:

> «Si lo claimons bastart et chaiti et trové
> «Tant es fiers et hardiz, voudra sor nous meter;
> «Et chascuns de nos ait .i. cotel acéré
> «Maintenant soit ocis, murtriz et estranglez!»

Hugues folgt der Einladung und ſetzt ſich ans Brett. Bald findet ſich Gelegenheit zum Streite. Sein Gegner im Spiele nennt ihn *fiz à putain* (wie wir aus dem oben citierten *Dit du gieu des dez* von EUST. DESCHAMPS erfahren, war das damals eines der gebräuchlichſten Schimpfworte). Hugues fährt auf, die Verräter greifen zu ihren Waffen:

> *Li autre saillent sus, s'ont les coutiaux covrez,*
> *Hugues tient l'eschaquer, si est vers auz allez.*
> *Il li lancent auprez les còtiaux acérez*
> *Iiij plaies li firent ès flancs et ès cotez.*
> *Mais Hugues les avant n'an lait nul eschaper.*
> *Si en fiert .i. des iij, toz est escervelez.*
> *Puis auça l'eschaquier, s'a .i. autre tué.*
> (*Par. l. Duch. p. 103—107.*)

Daß es beim Schachſpiel der engliſchen Ritter an blutigen Epiſoden nicht fehlte, ja, daß eine Schachpartie einen Krieg zum Epiloge hatte, davon erzählt WRIGHT (l. c. p. 313 ff.). Von tragiſchen Schachſpielen, die nicht der Sage, ſondern der Geſchichte angehören, berichtet ausführlich MASSMANN (l. c. p. 96 § 20).

Vergleiche mit dem Schachſpiel waren in der Spruche des täglichen Lebens wie in der Poeſie nicht ſelten (vgl. WACKERNAGEL l. c. p. 119 ff.; MASSMANN p. 90).

> *Ainz que la mort qui tout estrangle*
> *Vous die eschec et mat en l'angle.*
> (*Du Larron qui se conv. v. 45.*)

---

[1] Auch GAWEIN in WOLFRAM's Parzival benutzt ein Schachbrett als Schild (408. 19).

Ils faillirent cinq ou six nuitz,
Dont l'hostesse fut eschec et mac.
(Poésies. attrib. à Villon p. 205.)

JOINVILLE (l. c. 266) fchildert bei einer Schlacht den Angriff: *Il vindrent à li en la manière que l'on jeue aus eschiez; car il li firent courre sous à lour gent à pié, en tel manière que cil à pié li getoient le feu grejois. Et les pressoient tant cil à cheval et cil à pié que il desconfirent le roy de Sezile, qui estoit entre ses chevaliers à pié.*

Ein ähnliches Bild gebraucht PULCI in feiner *Morgante* (3. 67. 3—5) wenn er zum Vergleiche den Schachkampf heranzieht, bei dem der Gegner mitten auf dem Brette von den Bauern mattgefetzt wird (vgl. R. HALFFMANN, Die Bilder und Vergleiche in PULCI's *Morgante* 1884, p. 48).

Als der König der Franken Ludwig VI. (der Dicke), von dem englifchen Könige Heinrich I. gefchlagen, fliehen wollte, fetzte ihm ein englifcher Reiter nach, griff dem Pferde in die Zügel und rief dem Könige zu, er fei gefangen. Darauf foll diefer geantwortet haben: «*Apprends qu'au jeu d'esches le roy n'est jamais pris!*» *(Chronique des ducs de Normandie par* BENOIST *pp.* FR. MICHEL *1839. p. 514—517.)*

Es giebt in der altfranzöfifchen Litteratur auch viele Werke, die fich einzig und allein mit dem Schachfpiel befaffen.

Ch'est li Jus des Esquies betitelt fich ein moralifierendes Gedicht von 298 Verfen *(Mss.* DE LA VALLIÈRE *Nr. 81;* vgl. darüber *Hist. litt. de la France XXIII p. 291).* Ganz im Gegenfatze zur Anonymität der meiften mittelalterlichen Gedichte nennt fich hier der Verfaffer am Schluffe mit großem Selbftbwußtfein:

ENGREBANS D'ARRAS *fist ce dit.*

Der Mönch GUILLAUME DE GUILLEVILLE verfaßte um das Jahr 1350 feine allegorifche Schachdichtung *Le Pèlerinage de l'homme.* Die beiden Schachparteien repräfentieren die Kirche und ihre Gegner. Der König, an der Spitze feiner Figuren, rückt aus, die Fundamente der Kirche zu untergraben, was in Form einer Schachpartie umftändlich gefchildert wird (vgl. R. TWISS, *Miscellanies*. *London, 1805 II. p. 14)*.

Von dem Tractate des NICOLAUS DE NICOLAI haben wir oben bereits gefprochen.

Das berühmte Schachwerk des JACOPUS VON CESSOLES, im 13. Jahrhundert verfaßt, hat in LINDE's fchönem Buche (I. Anhang p. 19 ff.) eingehende und erfchöpfende Würdigung gefunden. Über diefes Werk exiftiert eine ganze Litteratur.

B. Die Gefellfchaftsfpiele.
I. Das Ballfpiel.

Es ift bekannt, daß das Ballfpiel vom 15.—17. Jahrhundert zu den beliebteften Unterhaltungen zählte. Eigene Ballhäufer wurden erbaut, und befonders in Frankreich waren diefe als Zufammenkunftsorte in der Mode.

In Alt-Frankreich fcheint aber das Ballfchlagen noch nicht fo allgemein, befonders nicht am Hofe betrieben worden zu fein. Die Zahl der poetifchen Belegftellen ift eine fehr kleine.

Im Jahre 1356 wird das Ballfpiel in Frankreich von lateinifchen Schriftftellern als *lusus pilae cum palma* erwähnt. Daher die Bezeichnung *paume* für das Spiel (vgl. LITTRÉ, *Dict.*). MÉNAGE (p. 615) giebt nach Quellen aus dem 15. Jahrhundert eine Schilderung, die vollkommen dem lateinifchen Ausdrucke entfpricht: man warf den Ball mit offener Hand — *avec le plat de la main*.

Kinder fpielten Ball:

Les iiij enfant que il ot engendrez
Jeuent et rient et tiennent pain assez
A la billete jeuent desus le sol.
(*Li Charrois de Nimes v. 884.*)

Welcher Art diefes Kinderfpiel übrigens gewefen, bleibt unklar. Weit deutlicher find einige andere Stellen:

---
[1] Vgl. darüber FOURNIER, *Le jeu de Paume*. *Paris, 1862.*

> *Des tables, des eschiés se vont bien doctrinant*
> *Et dou jeu de la paume se vont moult délitant.*
>> (Chev. du Cygne 3483.)

Quant vous partistes de moy, ores a piés de ung an, je vous dy et chargay que vous apportissiés en ce pays des pelottes de Paris pour nous esbatre moy et vous à la paulme.
>> (Froissart, Oeuvres T. XI. p. 330.)

> *Et puis querez joustes et les bonheurs*
> *Gieux de palme.*
>> (Eust. Deschamps, Vie dissipée.)

Im Jahre 1306 ſtarb Louis X. *surnommé le Hutin* an einer Erkältung, die er ſich beim *jeu de paume* im Walde von Vincennes zugezogen (vgl. C. Leber, J. B. Salgues et J. Cohen, *Collection etc.* T. X. p. 195). Lacroix (l. c. p. 252) erzählt, der Marſchall von Boucicault habe in einer Art Ballſpiel, ähnlich unſerm Croquet, 600 frcs. (nach heutigem Gelde ca. 28000 frcs.) gewonnen. Ein ſolches croquetähnliches Spiel ſcheint ſehr beliebt und verbreitet geweſen zu ſein. Wir gehen nicht fehl, wenn wir es in dem öfters erwähnten Spiele *bric* wiedererkennen. Der *Ménagier de Paris* erwähnt *bric* (l. c. 71), Rutebeuf ſpricht davon:

> *Rimer mestuet de Brichemer*
> *Qui jue de moi à la briche.*
>> (Rutebeuf T. I. 209.)

Briche und *brique* ſind dasſelbe, wir begegnen beiden Formen gleichzeitig. La Curne de St. Palaye (3, 122) erklärt es für ein croquetähnliches Spiel; es wurde mit einem (oder mehreren) Ballen und einem Stabe *(briche)* geſpielt.

Vgl. auch Ducange, *Gloss. suppl. sub bricolla.* Auch Federball war gang und gäbe. Er hieß *griesche.*

> *Li roi s'est si à çon dounés*
> *K'il veut c'on jut à la grieske.*
>> (Michel.-Monmerqué, *Théatre fr.* p. 69, in d. Anmerkung.)

Rutebeuf nennt ein Gedicht: *De la griesche d'yver* (T. I. p. 27), und der Herausgeber, Jubinal, teilt dazu folgende Notiz (von Le Duchat) mit: *Le mot griesche est le nom d'un volant en Anjou à cause qu'on l'y fait de plumes de perdrix grises qui s'appellent en ces quartiers-là grieshes.*

Diefelbe Erklärung giebt Eloë Johanneau in feiner Rabelais-Ausgabe gelegentlich des Spieles *à la griesche* im Spielverzeichniffe Gargantua's (p. 422).

Die deutfchen Quellen find reich an Erwähnungen des Ballfpieles. Näheres darüber vgl. bei Schultz 1. c. p. 541 ff.

II. Das Kegelfpiel.

Man kann das Kegelfpiel als ein echt deutfches Spiel bezeichnen. Entftehung und Ausbildung desfelben find in Deutfchland zu fuchen. Schon aus dem 13. Jahrh. haben wir hier eine poetifche Belegftelle und zwar in Hugo v. Trimberg's Renner v. 11360—11397 (vgl. Wackernagel, Kleinere Schriften (Leipzig 1872, I. Bd. p. 255.) In Weistümern (fo z. B. vgl. Grimm's Weisthümer III. 739), Polizeiverordnungen, Stadtbüchern aus dem 13., 14., 15. Jahrh. finden wir zahlreiche mehr oder minder genaue Erwähnungen des Kegelfpieles: zu hohe Einfätze, zuweilen auch das Spiel felbft werden verboten. Die meiften diefer auf das Kegelfpiel bezüglichen Stellen find zufammengeftellt in dem Büchlein von L. Rothe, Das Kegelfpiel (Zeitz und Leipzig o. D. Verlag von E. Strien).

Im 14. Jahrh. begegnen wir auch den Spuren des Kegelfpieles in Frankreich.

Ils ne hobent de leurs maisons
Là, jouant en toutes saisons
Aux quilles, au franc du carreau.

(*Livre de la Diablerie*, cit. bei Ménage, *Dict.*)

Doch mag es auch in Frankreich lange Zeit bloß von den niederen Volksfchichten betrieben worden fein. In die Reihe der «höfifchen Künfte» wurde es erft fpät aufgenommen. Als zur «*hofekunst*» gehörig rechnet es erſt JOH. ROTHE in den «7 freien Künſten» (15. Jahrh.): *Daz derte ist spelen und ist ey* etc. *alz bretspeler, worffelspeler, kulenspeler, wette loyffer und der glichi* (mitgeteilt von Dr. W. CRECELIUS im Anzeiger für Kunde deutſcher Vorzeit III. 304).

Aus dem Jahre 1369 datiert ein Spielverbot Carl's V., worin auch das Kegelſpiel vorkommt: *Tous jeux de dez, de tables, de paume, de quilles, de palet, de billes, d'autres jeux* u. ſ. w. (mitgeteilt in der *Chronique de* PETIT-JEHAN DE SAINTRÉ [ed. GUEULETTE] *T. I. chap. 13. p. 42*).

Das Wort «*quille*» ſtammt aus dem Deutſchen (vgl. DIEZ, Wb. p. 97). FOURNIER *(Histoire des jouets et des jeux d'enfants. Paris, 1889. p. 170)* will es von celt. *squil* herleiten. Eine deutſche Redensart iſt ſogar mit dem Worte in die franzöſiſche Sprache gedrungen: Fortziehen mit Kind und Kegel[1] = *trousser son sac et ses quilles; on lui a donné son sac et ses quilles (Dict. de l'Acad. ſ. v. quille)*.

Aus den vielen mit Kegeln zuſammenhängenden Redensarten können wir einen Schluß auf die Volkstümlichkeit des Spieles ziehen.

C'est grant ennuy à jeune femme ou fille
Aymer seigneur qui ne la veult aymer
Veu sa façon n'est-il pas à blamer?
Qui pour autant qui ne tient coup à quille.
(ROGER DE COLLERYE *p. 210 Rond L. II.*)
Et fault paier au coup la quille.
(EUST. DESCHAMPS. *T. VI. Ball. MCCV. p. 194.*)

Dann:

Et messire Jehan trousse ses quilles et s'en va tout droict devers le roy.
(CHASTEL., *Chron. d. ducs de Bourgogne II. 185.*)

---

[1] Das Merkwürdigſte hierbei iſt, daß hier Kegel ein ganz anderes Wort iſt, das mit dem Spiel gar nichts zu thun hat. «Kegel (erhalten im Nhd. nur in der Vbdg. Kind und Kegel) aus mhd. Kegel, Kekel, uneheliches Kind, dunklen Urſprungs.» F. KLUGE, Etym. Wb. d. deutſchen Sprache. Straßburg 1888. p. 164.

Auch in obfcönem Sinne wird die Wendung *jouer aux quilles* gebraucht (vgl. L. DE LANDES [AUG. SCHELER] *Glossaire érotique de la langue franç. Bruxelles, 1861. p. 217*, wo auch Belegftellen).

Für das Kegelwerfen galt auch der Ausdruck *bouler (bourler).*

Et se faisions fosselettes
Là où nous bourlions aux nois;
Qui en falloit c'estoit anois.
(FROISSART, *Poésies, L'Espinette am. v. 238.*)

Nach England kam das Spiel wohl über Frankreich. Die Kegel heißen hier *keyles*. Es giebt auch ein Spiel *club-keyles,* wobei mit einem Stocke nach den Kegeln geworfen wurde (Abb. nach einer Miniatur bei WRIGHT l. c. p. 249). Genau dasfelbe Spiel trieben auch die franzöfifchen Kinder im Mittelalter (vgl. DILLAYE, *Les jeux de la jeunesse 1885. p. 120)*[1]. Auch SHAKESPEARE erwähnt einmal das Kegeln (Richard II. 3. Akt. Sc. 4). Genaueres über die Entwickelung diefes Spieles in England f. bei W. HONE, *The sports and pastimes of the people of England. London, 1841.*

III. Spiele im Freien (Lauf- und Fangfpiele).

Wiederholt wird in unferen Quellen erzählt, wie die Ritter und Damen, gewöhnlich nach Tifche, fich im Freien *(en un vergier)* ergehen und an Spielen ergötzen.

Cil de la ville sont si acoustumier,
Qu'en une place ainz qu'il voisent mengier,
Nès li roïs Marques et sa fille au cors chier,
Oriabel qui tant fait a prisier.
S'i vont esbatre chascun jor volentiers.
(*Jourdains de Blaivies v. 1354.*)

La fille al rei, Alfonie al vis cler
En un vergier entra pour deporter.
(*Otinel v. 1013.*)

---

[1] DILLAYE bemerkt, daß diefes Spiel in den gleichzeitigen poetifchen Quellen erwähnt wird. Da fein Buch aber für Kinder beftimmt ift, fo giebt er leider gar keine Belege.

Welcher Art diefe Spiele gewefen, darüber belehren uns allerdings die Quellen in fehr geringem Maße. Es gab gewiß eine ganze Reihe fog. Lauf- und Fangfpiele. LACROIX (l. c. 258) giebt eine Lifte von Spielen, die hieher zu gehören fcheinen (leider ohne Quellenangabe — ich glaube, lediglich geftützt auf das Spielverzeichnis bei RABELAIS): *jeu des ves, des trois ânes, du jardin Madame* u. f. w. Von einigen wiffen wir allerdings beffer Befcheid. Der fchon citierte MÉNAGIER fpricht von *qui féry?* und *tiers* als Spielen im Freien (l. c. p. 70). Der Herausgeber erklärt *tiers* mit «*une sorte de collin-maillard*», alfo eine Art Blindekuh. DU CANGE giebt in feinem *Glossarium (T. VI. p. 561)* nebft 2 Belegftellen, wovon eine a. d. Jahre 1391, folgende Erklärung:

Tiers, ludi genus, cum ludentes tripartito dispositi stant, et explorator andabata illum, quem tetigit, nomine appellare debet, ut ejus loco succedat.

Noch heutigen Tages ift diefes Spiel in der franzöfifchen Kinderwelt unter dem Namen «*petits paquets*» beliebt (vgl. DILLAYE l. c. p. 87). Genau dasfelbe Spiel kenne ich in Süddeutfchland. *Qui féry?* giebt fich feinem Wortlaute nach als eine Art Plumpfackfpiel. Über letzteres als deutfches Kinderfpiel vgl. ZINGERLE, Das deutfche Kinderfpiel im Mittelalter (Sitz.-Berichte der Acad. d. Wiff. zu Wien. Bd. 57, p. 151). *Paumele* hieß ein Spiel, das dem jetzigen *main-chaude* entfpricht. Eine Belegftelle findet fich citiert im *Dict. hist.*: «*Plusieurs compaignons se mirent à jouer à la paumele, main contre main sur les reins* (Anfang d. 15. Jahrh.). Mir fcheint diefes Spiel identifch mit jenem zu fein, das ALW. SCHULTZ (l. c. p. 543) nach einem Relief auf einem Elfenbeinkäftchen der Bibliothek zu Ravenna befchreibt: «Ein junger Mann ift vor einer Dame niedergekniet, hat fein Geficht in deren Schoß gedrückt und hält eine Hand auf dem Rücken; die anderen Spielgenoffen fchlagen ihn auf jene Hand, und er muß ihre Namen erraten. Welches Spiel das Pendant zu diefem Relief bedeuten foll, habe ich nicht ermitteln können». Ein prächtiges Pendant zu diefem Relief liefert eine

Miniatur der Bodleiana, welche ganz genau denfelben Stoff behandelt, nur daß hier die Spielenden durchwegs Damen find (abgeb. bei WRIGHT l. c. p. 244). Es heißt in England noch gegenwärtig *hotcockles*. Eine Darftellung aus dem 15. Jahrh. giebt eine vlämifche Gobelinftickerei im Kenfington-Mufeum (ebenfalls abgeb. bei WRIGHT l. c.). Bekannt find die Verfe aus GAY's «*Pastorals*» (allerdings aus einer viel fpäteren Zeit):

> *As at hot cockles once I laid me down,*
> *Buxoma gave a gentle tap, and I*
> *Quick rose, and read soft mischief in her eye.*
> (JOHN GAY, Poet. works p. b. Rob. Anderson Edinburgh 1794; MONDAY; or the squabble v. 99.)

FROISSART fpricht von einem Verfteckfpiel.

> «*Je vous jués aux reponniaus*
> «*Faites au moins que je vous troeve.*»
> (Poésies; Espinette d'Amour v. 2652.)

Die Stelle läßt darauf fchließen, daß dem Suchenden die Augen verbunden wurden und er nach den Händen der Mitfpielenden diefelben erraten mußte.

Ein ähnliches Spiel hieß *Capifol*. Eine genaue Befchreibung desfelben liefert *Le jeu du Capifol, moralité a IIII personnages* (LEROUX DE LINCY et FR. MICHEL., Recueil etc. T. II. p. 8). Das Spiel befteht darin, daß einer aus dem Kreife der Mitfpielenden erwählt wird. Jeder giebt ihm dann einen Schlag, und er muß erraten, wer ihn gefchlagen. Unter dem Namen *Capifolet* wird es noch heute in der Normandie geübt (vgl. DILLAYE l. c. p. 91).

In der eben citierten *moralité* findet fich auch ein Gebrauch, der bis in die Gegenwart bei der Kinderwelt beliebt ift, wenn es fich darum handelt, einen Mitfpieler zu wählen: der Gebrauch des Halmziehens:

Labeur:
C'est un ieu sage et a fol;
Mais pour veoir qui commencera,
Et comme temps on passera,
Il nous fault tirer au festu
. . .
Le ministre:
Le plus long sera mys en chaire
Et fera le premier muché.
(l. c. p. 9.)

Für denfelben Gebrauch finden wir bei FROISSART den Ausdruck *traire à la busquette.*

Là fumes nous en un detri,
Sans avoir tençon ne estri,
A savoir qui doit commencier.
Ne nuls ne s'en voet avancier.
Là fu à la busquette tret
Ordonnéement et à tret.
(FROISSART, *Poésies; Le joli buisson de Jonece v.* 4627.)

Auch das «Auszählen» war bekannt.

Huars: nenil, sire, par saint Eloi
Ains ira au nombre de mains.
Gautiers: Certes, tu dis bien, biaus compains
Et chiens qui chiet en X soit rois.
(*Adam de la Halle p. 387.*)

IV. Jeux d'aventure.

Unter diefem Namen wurden jene Spiele verftanden, die auf Rede und Gegenrede beruhen, und die man heute Konverfationsfpiele zu nennen pflegt. In den Heldenromanen fuchen wir ihre Spur vergebens; eine um fo reichere Ausbeute liefern die *fableaus* und die anderen Produkte bürgerlicher Poefie.

Le jeu du roi et de la reine.

ADAM DE LA HALLE fchildert diefes Spiel in feiner Schäferei: *Li gieus de Robin et de Marion* (ADAM D. L. HALLE *p. 386 v. 15 ff.*) Man erwählte — und zwar durch «Auszählen» — aus der Mitte der Gefellfchaft einen König oder eine Königin. Die anderen Spielenden mußten nun herankommen und diefem König ihre Huldigung darbringen. Bei diefer Gelegenheit hatte der König die Aufgabe, eine mehr oder minder verfängliche Frage an feine Unterthanen zu richten. So z. B.

Huars: Perrette, alez à court.

Perrette: *Je n'ose.*
Le «Roy»: *Si feras, si Perrette. Or di*
Par cèle foi que tu dois mi,
La plus grant joie c'ains eusses
D'amours, en quel lieu que tu fusses
Or di et je t'écouterai.
Perrette: *Sire, volentiers le dirai:*
Sire, c'est quant mes amis vint
A moi, aus chans, et si me tint
Soignement bonne compagnie.
Li Rois: *Sans plus:*
Perrette: *— Voire, Voir!*

Le Pélerin à Saint-Coisne:

L. c. p. 382 v. 5 ff. fchildert ADAM DE LA HALLE noch ein ähnliches Spiel, wobei aber ftatt des Königs ein Heiliger erwählt wird. Die Mitfpielenden wallfahrten nun zu diefem und bringen ihm irgend eine komifche Gabe. Er muß nun die Pilger durch Gebärde oder durch Wort zum Lachen bringen.

Huars: *Jou, trop bien: quiconques rira*
Quant il ira au saint offrir
Ens on lieu saint Coisne doit sir,
Et qui en puist avoir s'en ait.

Der Gebrauch der Hände ift dabei auch nicht verwehrt. Deswegen erklärt denn auch MARION:

C'est vilains jeus, on i conkie.

Bei diefem Spiele, das übrigens mit dem vorhergehenden oft vertaufcht wird, mag es nun nicht immer in allen Ehren zugegangen fein. Dies mag wohl der Grund für den Synodenbefchluß von Worcefter a. d. J. 1240 gewefen fein: *Prohibemus etiam Clericis, ne intersint ludis inhonestis, vel choreis, vel ludant ad aleas vel taxillos: nec sustineant Ludos fieri de Rege et Regina* u. f. w. (DU FRESNE) *Gloss. T. II. P II. p. 154).*

RABELAIS erwähnt das Spiel als: *à saint Cosme je te viens adorer* (p. 426), und der Herausgeber erklärt es folgendermaßen: *On bande les yeux à quelqu'un qu'on a fait asseoir dans un fauteuil. Saint Côme, je te viens adorer, lui dit un autre, qui dans le moment, lui présente au visage une chandelle allumée. Celui ci veut l'empoigner, mais à la place de ce cierge on coule dans la main du personnage un bâton tout enduit d'ordure* u. f. w. Der harmloferen, von ADAM DE LA HALLE befchriebenen Art entfpricht das in Norddeutfchland beliebte Spiel «Vater Eberhard»:

Gott grüß dich, Vater Eberhard,
Ich zupfe dich an deinem Bart,
Und fo du mich wirft lachen fehen,
Werd' ich an deiner Stelle ftehen.

(Vgl. L. BAHLSEN l. c. p. 129.)

Auch im heutigen Frankreich ift diefes Spiel unter dem Namen *jeu du Grand-Mogol* als Gefellfchaftsfpiel gang und gäbe (vgl. die Anmerkung in der RABELAIS-Ausgabe von BURGAUD DES MARETS et RATHERY, *sec. éd. Paris, 1870. I. Bd. p. 165).*
Le Roy qui ne ment.

Une fois ierent en dosnoi
Entre dames et damoiselles,
De cointes i ot et de belles,
De pluisieurs dedais s'entre mistrent

> *Et tant c'une roïne fistrent.*
> *Pour jouer «au roy qui ne ment».*
> *Elle s'en savoit finement*
> *Entre metre de commander*
> *Et de demandes demander . . .*
> *Pluisieurs demandes demanda*
> *Et sa volenté comanda.*
>
> (JEHAN DE CONDÉ, «*Li sentiers batus*»
> *Oeuvres III. p. 299.*)

Auch diefes Spiel war alfo ein Frage- und Antwortfpiel. Wenn die «Königin» die Runde in der Gefellfchaft gemacht hatte, revanchierte fich jeder der Gefragten wiederum mit einer Frage:

> *Et quant li geus tant duré ot*
> *Que demandé ot tout entour*
> *La roine, chascuns au tour*
> *Li redemanda, c'est usages.*
>
> (JEH. DE CONDÉ l. c.)

Was für Dinge allerdings da zur Sprache kommen, entzieht fich jeder Befchreibung.

Die Erwähnung diefes Spieles in den Quellen ist nicht felten:

> *Aussi en cest avenement*
> *Juiens nous au Roy qui ne ment.*
>
> (FROISSART, *Espinette Amoureuse v. 219.*)

> *Puissedi au Roy-qui-ne-ment*
> *Juames nous moult longement.*
>
> (FROISSART, *Le joli buisson de Jonece*
> *v. 4427.*)

Le prêtre qui confesse.

Im *Lai d'Ignaurés* (LEGRAND D'AUSSY, *Fabl. T. IV, p. 162*) finden wir ein Spiel, welches unter dem Namen «Die Beichte» fich noch heutigen Tages großer Beliebtheit erfreut:

> *D'une de nous fasons ung prestre . . .*
> *Lès cele ente ki est flourie*

> *Chascune i voix et si li die*
> *Cui èle aimme, en confession*
> *Et à cui elle a fait le don:*
> *Ensi sarons certainement*
> *Li qu'éle aimme plus hautement.* (l. c. p. 164.)

Ein ähnliches Spiel war in England unter dem Namen *Ragman* bekannt (vgl. WRIGHT l. c. p. 247).

Von einem Rätfelfpiel fpricht einmal FROISSART:

> *Et, dedans chambre, à l'esbahi*
> *Et aussi aux adeviniaus.*
> (FROISSART, *Espinette Am. v. 224.*)

Im Roman *de la Charrette* kommt ebenfalls ein als folches gedeutetes Rätfelfpiel vor:

> *Et chevaliers et damoiseles*
> *Qui jooient à plusiors gieus . . .*
> *Li un au dez, li autre au sen;*
> (Chev. d. l. Charr. p. 48.)

Unter den Disputationsthefen, die der Inaug.-Differtat.: Die ritterl. Gefellfchaft in den Dichtungen des *Crestien de Troies* von W. HEIDSICK (Berlin, 1883) angehängt find, finde ich sub III: «Unter dem Ausdrucke „jouer au san" (Charr. 1641) ift ein Rätfelfpiel zu verftehen». Doch fcheint das Rätfel in Alt-Frankreich bei weitem nicht die große Rolle, welche es in Deutfchland und England fpielte, innegehabt zu haben. FRIEDREICH's «Gefchichte des Rätfels» (Dresden, 1870) nennt kein einziges franzöfifches Rätfel aus der Zeit unferer Quellen. Bezeichnend ift auch, daß, wie CH. ROZAN (*A travers les mots, Par. 1876 p. 87*) bemerkt, die franzöfifche Sprache gar kein Wort für Rätfel hat: «*le joli mot (devinette) n'est pas français. Les Dictionaires, même les plus hardis, ne l'ont pas enregistré* u. f. w.»

Das edelfte aller Gefellfchaftsfpiele, die *jeux partis*, jenes poetifche Turnierfpiel, das die beften Dichter und Sänger lockte, fällt nicht mehr in den Rahmen unferer Betrachtung.

Folgende Texte (Einzel-Ausgaben und Sammelwerke) wurden vom Verfasser benutzt.

Aiol pp. Jaques Normand et Gaston Raynaud *(Soc. des anc. textes français). Paris*[1], *1878.*

Adam de la Halle pp. E. de Coussemaker. 1872.

Aye d'Avignon pp. F. Guessard et P. Meyer. *1861.*

Barbazan, *Fabliaux et Contes des poètes français des XI., XII., XIII., XIV. et XV. siècles. Nouvelle édition rev. et augm.* p. M. Méon. *1808.*

Baudouin de Sebourc pp. Bocca. 1841.

Bodel, *Saxons (chanson des Saisnes)* pp. Fr. Michel. *1839.*

Brut, *Roman de B.* pp. *Le Roux de Lincy. Rouen, 1838.*

Charles d'Orléans, Poésies compl. pp. Charles d'Héricault. *1874.*

Li Charrois de Nimes pp. M. W. J. A. Jonckbloet in Guillaume d'Orange. *La Haye, 1854. I. Bd. p. 72.*

Chastellain, *Chronique d. ducs de Bourgogne* pp. J. A. Buchon. *1827.*

Chevalier à l'épée v. Méon. *Nouv. Rec. I. 152.*

Chevalier de la Charrette pp. P. Tarbé. *Reims, 1849.*

Chevalier du Cygne et Godefroid de Bouillon pp. Reiffenberg *(Monuments pour servir à l'histoire des Provinces de Namur, de Hainaut et de Luxembourg. T. IV—VI. Bruxelles 1846/54.*

La Clef d'amors pp. A. Doutrepont. *Halle, 1890 (in Bibliotheka normannica* pp. H. Suchier, *T. V).*

Li Covenans Vivien pp. M. W. J. A. Jonckbloet in Guillaume d'Orange. *La Haye, 1854. T. I. p. 163.*

Chronique des ducs de Normandie par Benoist pp. Fr. Michel. *1839.*

Chronique de Petit-Jehan de Saintré pp. Gueulette.

Deschamps Eustache pp. *le marquis de Queux de Saint-Hilaire. 1878 ff.*

Département des livres v. Méon. *N. R. T. I. 404.*

Dit du Mercier pp. Depping. *1841.*

Dit de St. Pierre et du Jongleur v. Barb. Méon. *Fabl. T. III. p. 282.*

Enseignements d'Édouard III. p. in Froissart, *Oeuvres. T. I. p. 548.*

Erec. pp. Imm. Bekker in Haupt's Ztschr. *T. X. (1856.) p. 373.*

Fierabras pp. Kroeber et Servois. *1860.*

Froissart, *Oeuvres* pp. Kervyn de Lettenhove. *Bruxelles, 1867.*

Froissart, *Poésies* pp. Aug. Scheler. *Bruxelles, 1870.*

---

[1] Wo nicht anders angegeben, ist bei den folgenden Werken immer Paris als Verlagsort zu verstehen.

Garin de Monglane pp. Adelbert Keller, Romvart. *Mannheim-Paris, 1844.* p. *338 ff.*
Girart de Roussillon *trad. p.* Paul Meyer. *1884.*
Girart de Viane pp. Tarbé. *1850.*
Guillaume de Guilleville. *Le romant des trois pélerinages.* Paris, 1511. in Fol.
Guillaume de Tyr pp. P. *Paris, 1879.*
Guillaume de la Villeneuve, *Le crieries de Paris,* v. Barb Méon. T. II. p. *279.*
Guy de Nanteuil pp. Meyer. *1861.*
Hoffmann v. Fallersleben, *Horae Belgicae.* Breslau, 1838.
Huon de Bordeaux pp. Guessard. *1860.*
Jehan de Condé pp. Scheler. *1867.*
Joinville pp. Natalis de Wailly. *1874.*
Jourdains de Blaivies pp. K. Hofmann. Erlangen, 1852.
Jubinal. *Nouveau recueil de contes, dits, fabliaux et autres pièces inédites des XIII., XIV. et XV. siècles. 1839/42.*
Jus de St. Nicholai v. Michel-Monmerqué. p. *170.*
Lai de Cortois d'Arras v. Barb. Méon. T. I. 357.
Lai d'Ignaurés v. Legrand d'Aussy. *Fabl.* T. IV. p. *162.*
Legrand d'Aussy, *Fabliaux ou contes, fables et Romans du XII. et du XIII. siècles. 3. édition. 1829.*
Leroux de Lincy et Fr. Michel, *Recueil de Farces, moralités et sermons joyeux. 1837.*
Livre des Métiers d'Étienne Boileau pp. G. B. Depping. *1837.*
Li romans de Garin le Loherain pp. P. *Paris, 1835/37.*
Du Larron qui se convertit v. Méon. N. R. T. II. p. *203.*
Marie de France pp. B. de Roquefort. *1819.*
Ménagier de Paris pp. *la soc. des bibliophiles français. 1846.*
Méon, *Nouveau Recueil de Fabliaux et contes inédits des poètes français des XII., XIII., XIV. et XV. siècles. 1823.*
Michel et Monmerqué, *Théatre français au moyen-âge. 1839.*
Miracle de Théophile v. Michel-Monmerqué. p. *139.*
Montaiglon et Raynaud, *Recueil général des Fabliaux des XIII. et XIV. s.* 1872/90.
La Mort Aymeri de Narbonne pp. J. Couraye du Parc. *1884.*
Ogier de Danemarche pp. J. Barrois. *1842.*
Otinel pp. F. Guessard et H. Michelant. *1858.*
Parise la Duchesse pp. G. F. de Martonne. *1836.*
Du Prestre et des II. ribauds v. Montaiglon-Raynaud. Rec. T. III. p. *58.*
Quatre fils d'Aymon pp. Michelant. *1862.*
Rabelais pp. Esmangart et Éloi Johanneau. *1823.*

Raoul de Cambrai pp. P. Meyer et A. Longnon. *1882.*

Renart, roman de, pp. Méon suppl. p. P. Chabaille. *1825.*

Roger de Collerye, *nouv. éd.* pp. Charles d'Héricault. *1855.*

Roland, chanson de, pp. Léon Gautier. **Tours, *1876.***

Roman de la Rose pp. F. Michel. *1864.*

Roman bourgeois de Furetière pp. Pierre Jannet. *1888.*

Rutebeuf pp. Achille Jubinal. *1839.*

Trubert, roman de, p. Douins v. Méon. *N. R. T. I. 237.*

La vie de Saint Gilles p. Guill. de Berneville pp. Gaston, Paris et Alph. Bos. *1881.*

Ville-Hardouin, *Conquête de Constantinople* pp. Nat. de Wailly. *1872.*

Villon, *Oeuvres* pp. Pierre Jannet. *1876.*

Violette, *roman de la,* p. Gibert de Montreuil. pp. Fr. Michel. *1834.*